Hermann Schmitz

Kurze Einführung in die Neue Phänomenologie

VERLAG KARL ALBER

Zu diesem Buch:

Der moderne Europäer versteht sich als einzelnes Subjekt mit einer privaten Innenwelt; was als Außenwelt zwischen solchen Innenwelten übrig bleibt, lässt er sich von der Naturwissenschaft sagen. Einzelheit ist aber nur möglich auf Grundlagen, über die er sich dank einseitiger Vergegenständlichung aus der Antike und späterer Zeit hinwegsetzt. Leib, leibliche Kommunikation, affektives Betroffensein, bedeutsame Situationen, Gefühle als Atmosphären, flächenlose Räume, subjektive Tatsachen (statt selbstverständlich einzelner Subjekte mit Seelen) gehören dazu. Diese Grundlagen werden durchsichtig gemacht und an die Welt als das Feld möglicher Vereinzelung, an die Person, an Recht, Moral und Religion angeschlossen.

In sechs Kapiteln stellt Hermann Schmitz die Hauptthesen der Neuen Phänomenologie vor, im siebenten Kapitel zeigt er, wie die Entdeckung der subjektiven Tatsachen eine neue Lösung des Freiheitsproblems erlaubt, und weist einen Ausweg aus dem ironistischen Zeitalter.

Der Autor:

Hermann Schmitz, geb. 1928 in Leipzig, promoviert 1955, habilitiert für Philosophie 1958; 1971–1993 ordentlicher Professor für Philosophie an der Universität Kiel. Begründer der Neuen Phänomenologie, die bestrebt ist, die Abstraktionsbasis der Begriffsbildung tiefer in der unwillkürlichen Lebenserfahrung zu verankern.

Hermann Schmitz

Kurze Einführung in die Neue Phänomenologie

Verlag Karl Alber Freiburg / München

4. Auflage 2014

www.verlag-alber.de

Satz: SatzWeise GmbH, Trier

ISBN (Buch) 978-3-495-48361-9
ISBN (PDF-E-Book) 978-3-495-86096-0

Inhalt

Vorrede

Die Neue Phänomenologie, die ich konzipiert und ausführlich entwickelt habe, verfolgt die Aufgabe, den Menschen ihr wirkliches Leben begreiflich zu machen, das heißt, nach Abräumung geschichtlich geprägter Verkünstelungen die unwillkürliche Lebenserfahrung zusammenhängender Besinnung wieder zugänglich zu machen. Unwillkürliche Lebenserfahrung ist alles, was Menschen merklich widerfährt, ohne dass sie es sich absichtlich zurechtgelegt haben. Das Nachdenken der Menschen ist heute durch vermeintliche Selbstverständlichkeiten aus Konventionen und aus Hypothesen, die im Dienst irgend welcher Konstruktionen stehen, dermaßen gefesselt, dass die Freilegung der unwillkürlichen Lebenserfahrung umfangreicher Anstrengungen bedarf; sie ist aber von großer Wichtigkeit; weil sie zum Ausweg aus gefährlichen Verengungen und Verstrickungen des menschlichen Selbst- und Weltverständnisses, damit aber auch der Lebensführung, verhelfen kann.

An einer kurzen Einführung, die einen zusammenhängenden Überblick über die wichtigsten Gedanken der Neuen Phänomenologie bietet, hat es bisher gefehlt. Nicht als Einführung, wohl aber als Überblick war mein 2003 in Rostock erschienenes Buch *Was ist Neue Phänomenologie?* gemeint, das, gruppiert um eine Zusammenstellung der Eckpunkte, einen Kranz selbstständiger, aus Vorträgen hervorgegangener Aufsätze anbietet. Es wurde zu meiner Verwunderung sogar von geneigten und kundigen Lesern als schwierig bezeichnet. Ich kann nur hoffen, dass sich das vorliegende Büchlein zu glatter Lektüre eignet, möchte aber darauf hinweisen, dass es sich nicht um eine bloße Heranführung an die Neue Phänomenologie, sondern um eine Einführung in sie handelt; es werden also keine leckeren und pikanten Kostproben gereicht, sondern zusammenhängende Gedankengänge ordentlich durchgeführt. Dabei bemühe ich mich aber, den Leser bei der Hand zu nehmen; deswegen habe ich schon das Inhaltsverzeichnis, in sieben Stunden gegliedert, so gestaltet, dass er sich in den Gedankengang hineinlesen kann.

Dieser Text ist das Ergebnis der Ausarbeitung von sechs Vorträgen, die ich am 6. und 7. September 2008 im Bildungshaus Stella Matutina der Baldegger Schwestern in Hertenstein am Vierwaldstätter See zur Einführung in die Neue Phänomenologie gehalten habe. Für die überaus freundliche und verständnisvolle Aufnahme im dortigen Hörer- und Betreuerkreis und in herrlicher Umgebung bin ich dankbar. Ohne diesen Anlass wäre das Buch nicht entstanden. Möge es ein Denkmal der Erinnerung an die schönen Tage sein.

Hermann Schmitz

Erste Stunde: Wozu Philosophie? Philosophie und Wissenschaft. Die phänomenologische Methode. Was will die Neue Phänomenologie?

Die Konzeption der Neuen Phänomenologie ergibt sich aus meiner Idee der Philosophie. Im Lauf der Geschichte konkurrieren für diese hauptsächlich zwei sich meist mit einander verflechtende Sinngebungen:

1. Philosophie als spekulative Konstruktion des Universums (von Anaximander bis zu den metaphysischen Systemen von Spinoza, Leibniz und Hegel). Dieses Vorhaben war so lange attraktiv, wie sich noch nicht allzu viel kompliziertes und verzweigtes, überdies durch Korrekturen und Ergänzungen oft rasch veraltendes Spezialwissen in den Wissenschaften angesammelt hatte. Heute wäre der spekulativ konstruierende Philosoph einem abenteuernden Ritter vergleichbar. Den Mut zu solchen Abenteuern haben inzwischen Spezialwissenschaften den Philosophen abgenommen. Physiker spekulieren nicht mehr nur über das Universum, sondern über ein Multiversum vieler Universen.
2. Philosophie als Selbstbesinnung. Schon Heraklit schrieb: »Ich erforschte mich selbst.« Bloß einsame, sich isolierende Selbstbesinnung (Nabelschau) genügt aber nicht zur Philosophie. Daher habe ich mir folgende Wesensbestimmung zu eigen gemacht und seit 1964 oft vorgebracht: *Philosophie ist Sichbesinnen des Menschen auf sein Sichfinden in seiner Umgebung*. Das Motiv dafür ist eine Beirrung dieses Sichfindens. In solcher Weise philosophiert jeder

Mensch, der sich nicht ganz sicher eingebunden weiß und sich von dieser Unsicherheit nachdenklich Rechenschaft zu geben sucht. Das kann nicht immer wissenschaftlich abgesichert werden, weil für die Rechenschaft nicht so viel Zeit ist, wie die Wissenschaft brauchen würde. Sobald der Philosophierende aber seine Besinnung in eine Unterhaltung einbringt, werden sich die Fragen aufdrängen: Wie meinst du das? Woher weißt du das? Die erste Frage führt zur Definition, die zweite zur Begründung, und damit ist die philosophische Besinnung auf dem Weg zur Wissenschaft. Philosophie kann aber auch als unwissenschaftliche überindividuell wichtig werden, wenn die Besinnung eines Menschen auf sein Sichfinden in seiner Umgebung für das Selbst- und Weltverständnis anderer Menschen exemplarisch wird. Als unwissenschaftliche Philosophen waren z. B. Heraklit, Kierkegaard und Nietzsche groß.

Ich komme nun zum Verhältnis der Philosophie zu den »normalen« (außerphilosophischen) Wissenschaften. Normale Wissenschaften fahnden nach objektiven Tatsachen zur Lösung objektiver Probleme. Philosophie fahndet nach objektiven Tatsachen zur Lösung subjektiver Probleme. Ich verwende die Ausdrücke »subjektiv« und »objektiv« in ungewöhnlicher Weise, nämlich als Beiwörter nicht für Subjekte und Objekte, sondern für Bedeutungen, die Sachverhalte, Programme oder Probleme sind. Eine solche Bedeutung ist objektiv, wenn jeder sie sagen (nicht bloß benennen) kann, sofern er genug weiß und gut genug sprechen kann, und subjektiv, wenn höchstens einer (im eigenen Namen) das vermag; das ist der Fall, wenn sie ihm nahe gehen, wenn er in affektivem Betroffensein an ihnen hängt. Diese Unterscheidung ist für mein Denken eminent wichtig; ich gehe unter (III) darauf ein. Jetzt will ich sie nur durch ein Beispiel für Programme und Probleme veranschaulichen. Für die Offiziere vor und in einer Schlacht, die auch ein demokratischer Wahlkampf sein kann, ist der

Schlachtplan ein Wunsch (als Programm, nicht als Seelenzustand verstanden) und bei kritischem Stand der Schlacht eine Sorge (als Problem). Jeder hat seinen eigenen Wunsch, seine Sorge, die kein Anderer nachsprechen kann, wegen des in diese Bedeutungen eingeflossenen höchstpersönlichen Engagements. Die Sprache drückt dieses durch den ethischen Dativ aus, wie wenn eine Mutter ihrem in den Krieg ziehenden Sohn den Wunsch und die Sorge nachschickt: »Möge er mir unversehrt bleiben.« Wunsch und Sorge sind also im angegebenen Sinn subjektive Bedeutungen. Für den nüchtern registrierenden Historiker entfällt diese Subjektivität; der Schlachtplan ist für ihn statt eines Wunsches ein nur noch objektives Programm, bei Nacherzählung des kritischen Standes der Schlacht ein nur noch objektives Problem.

Ich nenne jetzt Beispiele solcher philosophischer, also subjektiver, Probleme. Dazu gehören die drei Leitfragen der Philosophie nach Kant: Was kann ich wissen? Was soll ich tun? Was darf ich hoffen? Weitere solche Fragen lauten z.B.: Was geht mich an? Was soll ich ernstlich wichtig nehmen? Was darf ich übergehen? Worüber lebe ich hinweg, wenn ich mich führen lasse? Was kann ich mir zutrauen? (Diese Frage ist die Quelle des Freiheitsproblems.) Woher kommt mir der Mut, trotz Tod, Schuld und Not weiterzuleben? Wer bin ich als ich selbst, über das mir Zugetragene hinaus? Was ist einzeln, bin ich ein Einzelner? Bin ich derselbe wie jemand, der einmal war, und wie jemand, der einmal sein wird? Wenn ich glaube, dass ich etwas bin, worin besteht, dass *ich* es bin? Wie kann ich ein Ganzes sein? Was ist echt an mir? Was heißt es, zu sagen, dass etwas wirklich ist? Die Wissenschaften und andere Quellen wollen mich über Tatsachen belehren; was heißt es, eine Tatsache zu sein? Solche Fragen empfangen ihre Subjektivität für den Philosophierenden aus der Beirrung seines Sichfindens in seiner Umgebung.

Alle diese Fragen und viele andere subjektive Probleme werden zusammengefasst durch die Frage: Was muss ich gelten lassen? Das ist die Grundfrage der Philosophie als Leitfrage der Phänomenologie. Zu ihrer Behandlung bietet diese die Methode der phänomenologischen Revision an, möglichst viel undurchsichtigen Glauben zu bestimmten Annahmen zu machen und diese an der Frage zu prüfen: Welchem zur Annahme anstehenden Sachverhalt kann ich nicht im Ernst (guten Glaubens) das Zugeständnis verweigern, dass es sich um eine Tatsache handelt? Was dieser Prüfung standhält, ist dann für mich ein Phänomen. Die Definition des Phänomens im Sinne der Neuen Phänomenologie lautet also: *Phänomen für jemand zu einer Zeit ist ein Sachverhalt, dem der Betreffende dann nicht im Ernst den Glauben verweigern kann, dass es sich um eine Tatsache handelt.* Gegenüber dem Phänomenverständnis der älteren Phänomenologie (z.B. von Husserl, Scheler, Heidegger) hat dieses zwei unterscheidende Merkmale:

1. die doppelte Relativierung auf jemand und auf den Zeitpunkt der jeweiligen phänomenologischen Revision. Die Neue Phänomenologie erhebt nicht mehr den Anspruch, etwas mit apodiktischer Gewissheit für immer und alle festzustellen. Das ist nur noch ein regulatives Prinzip, von dem die Zuversicht geleitet wird, dass es sich immer noch lohnt, auf Übereinstimmung mit Anderen bei der Auswahl der Phänomene zu hoffen. Diese Zuversicht darf der Phänomenologe nicht preisgeben, weil er immer auf Vergleich eigener und fremder Überzeugungen bei Auswahl der Phänomene in Erwartung möglicher Einigung bedacht sein muss, damit er sich nicht in die Enge der ihm nahe liegenden Sichtweise einschränkt und dadurch den Spielraum phänomenologischer Revision verkürzt. Ohnehin kann er nie sicher sein, diesen Spielraum ausgeschöpft zu haben; vielleicht sind ihm Möglichkeiten des Umdenkens, an denen der Anspruch auf den Rang als Phänomen zu prüfen gewesen wäre, gar nicht in den Sinn gekommen. Durch die doppelte Relativierung wird die Phänomenologie zu

einer durch und durch empirischen Wissenschaft, in der man immer wieder nachsehen muss, ob etwas für einen noch ein Phänomen ist.

2. Die ältere Phänomenologie wählt als Phänomene geradezu Sachen, »was sich zeigt« (Heidegger), die »Sachen selbst«, unvoreingenommen beschaut (Husserl). Aber eine Sache kommt immer nur in einer Perspektive vor, im Licht der verwendeten Sprache und des geschichtlich geprägten Vorrats an Gesichtspunkten oder Hinsichten, unter denen etwas als Fall von etwas verstanden werden kann. Von sich aus ist das, was sich zeigt, vieldeutig, weil auf viele Perspektiven beziehbar. Sachverhalte umfassen dagegen mit der Sache auch die Hinsicht, indem sie etwas als Fall von etwas bestimmen. Daher ist der Sachverhaltsbegriff des Phänomens dem Sachbegriff vorzuziehen.

Die phänomenologische Revision dient dazu, sich an die unwillkürliche Lebenserfahrung heranzutasten, d. h. an das, was Menschen merklich widerfährt, ohne dass sie es sich absichtlich zurechtgelegt haben. Die unwillkürliche Lebenserfahrung ist die letzte Instanz für alle Rechtfertigung von Behauptungen; jede andere Rechtfertigung beruht auf einer Konstruktion, die bei Belieben in Zweifel gezogen werden kann. Die unwillkürliche Lebenserfahrung ist aber kein Landeplatz, den man geradezu ansteuern könnte, sondern nur durch den Filter vorgeprägter Perspektiven (auf einer Abstraktionsbasis) zugänglich. Die Phänomenologie gewinnt ihre Eigenart als Forschungsrichtung durch die Tendenz, die Abstraktionsbasis der Begriffsbildung näher an die unwillkürliche Lebenserfahrung heranzulegen, tiefer in diese einzudringen, sie in ihrer Fülle und Ursprünglichkeit besser zu begreifen. Sie ist mit dieser Tendenz gegenläufig und komplementär zur Tendenz der Naturwissenschaft als der Wissenschaft der schematischen Prognostizierbarkeit, in deren Interesse die unwillkürliche Lebenserfahrung bis auf wenige, für Experiment und Statistik optimale, Merkmalsorten, aus denen die zur Prüfung der theoretischen Prognosen verwendeten Daten entnommen werden, abgeschliffen wird.

Die Naturwissenschaft kann die von ihren Theorien geweckten Erwartungen im Experiment prüfen und damit zwar nicht über die Richtigkeit, aber über die Prognosefähigkeit der Theorien entscheiden. Eine solche intersubjektiv unbestreitbare Bewährung steht der Phänomenologie nicht zur Verfügung; sie kann sich nur auf die »Evidenz im Augenblick« (Manfred Sommer) berufen, die es dem Phänomenologen unmöglich macht, ein Phänomen zu bestreiten, weil es sich gegen alle ihm zugänglichen Variationen von Annahmen als Tatsache behauptet. Diese doppelte Abhängigkeit von ihm und dem Augenblick gibt Anlass zu den skeptischen Fragen, wie ein intersubjektiver Geltungsanspruch für Ergebnisse phänomenologischer Forschung gerechtfertigt werden kann und wie dieser Forschung ein Fortschritt möglich ist. Die letzte Frage lässt sich leicht beantworten: Der Fortschritt besteht darin, immer genauer zu merken, was merklich ist. Phänomenologie ist ein Lernprozess der Verfeinerung der Aufmerksamkeit und Verbreiterung des Horizontes für mögliche Annahmen. Nur durch Einladung zur Teilnahme an diesem Lernprozess kann der Phänomenologe zu überzeugen versuchen. Er ist dabei nicht auf die bloße Versicherung beschränkt, dieses oder jenes Phänomen gefunden zu haben. Vielmehr kann er an einem sich als Tatsache darbietenden Sachverhalt eine Nuance entdecken, deren genaue Erwägung Anlass zu Folgerungen gibt, die ein mit manchen Überzeugungen unverträgliches Ergebnis unausweichlich machen. Damit ist über die bloße Feststellung hinaus der Weg zum argumentierenden Gespräch und zur intersubjektiv möglichen Klärung geöffnet. Mit Menschen, die schon tot sind, kann man sich freilich nicht einigen, weil man mit ihnen nicht sprechen kann. Die phänomenologische Brücke zu ihren Standpunkten wird aber durch die vernünftige Voraussetzung eines weitgehend übereinstimmenden Erlebens geschlagen. Es ist äußerst wahrscheinlich, dass Goethe nicht zehn Nasen und zehn Beine hatte, sondern wie wir nur zwei. Ebenso wahrscheinlich ist, dass er gelegentlich zornig oder ängstlich war, in deutscher Sprache redete, vom Stuhl aufstand, feste Nahrung glatt kaute usw. Das alles könnte grundsätzlich von ihm völlig anders als von uns – z. B. Aufstehen vom Stuhl als Ohnmachtsanfall oder als Verzückung – erlebt worden sein, aber das ist doch kaum ernst zu nehmen. Unsere genaue Besinnung auf unsere unwillkürliche Lebenserfahrung unter solchen Umständen dürfte also Ergebnisse liefern, die weitgehend auf Goethe übertragbar sind. Unterschiede durch kulturelle oder individuelle Prägung sind zu erwarten. Sie können aber berücksichtigt werden, wenn man die Begriffsbildung auf hoher Abstraktionsstufe einfädelt und durch Erprobung spezifischer Differenzen an die erreichbaren Zeugnisse von fremder Eigenart tunlichst anpasst. Dabei ist es wichtig, den Anderen und sich selbst in den jeweils relevanten geschichtlichen Zusammenhang zu stellen. Dieser genügt oft zur Erklärung von Verhärtungen des Selbst- und Weltverständnisses, die die Übereinstimmung beim Aufsuchen von Phänomenen erschweren. Er kann aber auch Erfahrungen zugänglich machen, die dem Phänomenologen ursprünglich fremd waren und fortan den Spielraum seiner phänomenologischen Revision erweitern.

Ihrer empiristischen Bescheidenheit, der unwillkürlichen Lebenserfahrung nachzugehen, statt in transzendenter Spekulation oder Wesensschau apodiktisch gewisse Letztbegründung liefern zu wollen, verdankt die Neue Phänomenologie eine Anschlussfähigkeit, die sie allen andern philosophischen Richtungen voraus hat: ihre breite Anwendbarkeit in speziellen Wissenschaften. Dabei sind besonders zwei Bedürfnisse wirksam. Manche Wissenschaften stehen unter starkem Druck der experimentellen und statistischen Methodik der Naturwissenschaft und brauchen eine phänomenologische Ergänzung ihrer Empirie, weil jene Methodik zu viel davon abstreift;

andere eignen sich nicht für naturwissenschaftliche Durchdringung, bedürfen aber statt dessen einer festeren Anbindung, die die Neue Phänomenologie liefern kann. Für beide Gruppen gebe ich Beispiele des bereits übergesprungenen Funkens auf Feldern, die ich in Klammern jeweils stichwortartig andeute, wobei zu berücksichtigen ist, dass die Impulse der Neuen Phänomenologie angesichts der starken ihr entgegenstehenden Widerstände noch nicht so breit, wie es möglich und wünschenswert wäre, gewirkt haben. Erste Gruppe: Architektur (Theorie des Wohnens, Innenräume, Städte), Geographie (gestaltete Räume), Medizin (chronische Krankheiten, z.B. Diabetes; Orthopädie), Phonetik (Gespräche als leibliche Kommunikation), Psychiatrie und Psychotherapie (Störungen der Personalität und der Leiblichkeit, z.B. Schizophrenie). Zweite Gruppe: Pädagogik (Situationen und Atmosphären in der Erziehung, z.B. Schulräume), Pflegewissenschaft (Leib, leibliche Kommunikation, Gefühle als Atmosphären), Sinologie (chinesisches Menschenbild), praktische Theologie (Gefühle als Atmosphären). Ein großer, noch nicht aktualisierter Anwendungsbereich liegt vor der Neuen Phänomenologie im Recht und der Rechtswissenschaft, denen sie eine breit ausgearbeitete Rechtsphilosophie mit Aufbau des Rechts auf der Autorität von Gefühlen in zuständlichen Situationen entgegenbringt; davon könnten auch wichtige Impulse zum Verständnis der Politik ausgehen. Die Theorie der Leibverwandtschaft von Gestalten durch leibnahe Brückenqualitäten (Bewegungssuggestionen und synästhetische Charaktere) hat viele Künstler angesprochen. Was die Neue Phänomenologie der Anwendung in Wissenschaften und Lebenspraktiken zu bieten hat, fand ich zu meiner Überraschung treffend ausgedrückt in einem mir zufällig bekannt gewordenen Aufsatz von Tanja Bossmann über Phänomenologie in der *Zeitschrift für Physiotherapeuten* 60, 2008, S. 984: »Für die Medizin und Psychologie ist insbesondere die von Hermann Schmitz in den 1960er Jahren eingeführte Variante der ›Neuen Phänomenologie‹ interessant. (...) Im Gegensatz zu anderen philosophischen Ansätzen orientiert sich die Neue Phänomenologie grundsätzlich an Erfahrung und Anwendbarkeit. So können sich eine offenere Haltung zur Wirklichkeit und zugleich eine solide Skepsis gegen alles vorschnelle Wissen herausbilden. Die Neue Phänomenologie möchte also die Schematisierungen der Naturwissenschaft verlassen und neue Erfahrungschancen freilegen.«

Phänomenologie ist eine verhältnismäßig junge Forschungsrichtung, die die philosophische Besinnung auf Aussonderung des Unverfügbaren in unserem Glauben (auch schon vor der Verfestigung zu einzelnen Annahmen) richtet. Sie tritt zuerst vielleicht 1690 mit Lockes *Essay concerning human understanding* an die Öffentlichkeit, noch stark behindert durch Befangenheit in theologischen und naturwissenschaftlichen Prägungen, und wird von diesen durch Hume mit einer Skepsis gereinigt, die erst zarte Keime eines phänomenologischen Eigenwuchses erkennen lässt. Als philosophische Grundhaltung wird sie von Husserl proklamiert, der sich aber durch die vermeintlichen Selbstverständlichkeiten der metaphysischen Tradition und mathematischen Denkweise die Offenheit des phänomenologischen Blickes verstellen lässt; Heidegger sorgt für erste Erweiterungen, die aber im Ansatz stecken bleiben. Daher muss die Neue Phänomenologie abermals mit dem Versuch beginnen, die von einem überwiegend an Konstruktionen interessierten Denken aus dem Blickfeld der begreifenden Aufmerksamkeit verdrängte unwillkürliche Lebenserfahrung wieder freizulegen. Dabei kommt sie selbst keineswegs ohne Konstruktionen aus; ihre Besonderheit beruht nur auf der Aufgabe, in deren Dienst diese Konstruktionen gestellt werden. Sie steuert damit gegen eine Ablenkung von der unwillkürlichen Lebenserfahrung, welche Ablenkung hauptsächlich drei Quellen hat: 1. die Philosophie, vornehmlich die antike, 2. die Theologie, vornehmlich die spätantike und mittelalterliche, 3. die Naturwissenschaft, vornehmlich die neuzeitliche (seit 1600). Dazu kommt die aus allen drei

Quellen mitgeformte Suggestionskraft der gewachsenen Sprache. Die Menschen werden vom technischen Fortschritt und von der sozialen Vernetzung durch ein Übermaß unausweichlicher Angebote hilflos fortgezogen, ohne einleuchtende begriffliche Maßstäbe dafür, sich auf sich selbst zu besinnen und dadurch zu behaupten. Ihnen soll die Neue Phänomenologie zu Hilfe kommen, indem sie mit scharfen, aber geschmeidigen Begriffen die Betroffenheit der Besinnung zugänglich macht. Wie wichtig diese Aufgabe ist, zeigt sich erst bei einem Rückblick auf die Verstrickungen des menschlichen Selbst- und Weltverständnisses in seiner europäischen Geschichte. Eine kurze Übersicht über diese Entwicklung ist daher das nächste Thema.

Zweite Stunde: Die geschichtlichen Prägungen des menschlichen Welt- und Selbstverständnisses in Europa

Die unwillkürliche Lebenserfahrung kann nur freigelegt werden, wenn ihre Verstellungen und Verzerrungen durch geschichtliche Prägungen, die im Normalbewusstsein der heutigen Menschen zu Selbstverständlichkeiten verkrustet sind, auf- und abgearbeitet werden.

Diesen Prägungen geht das Selbstverständnis der Figuren in Homers *Ilias* voraus. Der heutige Mensch versteht sein Erleben als in einer privaten Innenwelt zentriert – mit der Vernunft als zur Herrschaft über die unwillkürlichen Regungen berufenem Zentrum – und nach außen abgeschlossen. Die *Ilias*-Figuren verstehen wie der Dichter, der sie zeichnet, ihr Erleben anders: Sie stehen ohne Hausmacht einer privaten Innenwelt (einer Seele) in einem Konzert halbautonomer Regungsherde, die teils treiben, teils hemmen und kontrollieren, wie uns das Gewissen, ein uns verbliebener Regungsherd vergleichbarer (nur nicht leiblich lokalisierter) Art. Sie sind der Besessenheit durch Götter und Affekte ausgesetzt: Ares taucht in Hektor ein wie Zorn in Achilleus. Sie sind daher schwer beherrschbaren Wallungen ausgesetzt. Dagegen setzt in der *Odyssee* eine Tendenz zur Selbstbeherrschung ein, die sich an Odysseus in drei Neuerungen gegenüber der *Ilias* zeigt: Erstens distanziert er sich von seinen leiblichen Regungen und Regungsherden, indem er sich über seinen Hunger beschwert, der ihn zu essen treibt, während er lieber über seine Trennung von der Heimat trauern würde, und sein aufbegehrendes Herz durch gütliches Zureden zähmt wie ein Herr den Hund; zweitens tritt er den Göttern ohne Besessenheit als kalkulablen Mit- und Gegenspielern gegenüber; drittens vermag er seinen Gesichtsausdruck voll zu beherrschen.

Im Zuge dieser Tendenz zur Selbstbemächtigung entwickelt sich nach Homer die Psyché, eigentlich (und teilweise noch viele Jahrhunderte nach Homer) das Leben als Qualität (nicht als Lebenszeit), zur Seele als privater Innenwelt, in die das Erleben des Bewussthabers eingeschlossen wird. Bei Heraklit, im frühen 5. Jahrhundert vor Christus, fehlt noch diese Abgeschlossenheit; einer seiner Sprüche lautet: »Grenzen der Seele wirst du wandernd niemals finden, wenn du auch jede Straße abschrittest.« In der archaischen Lyrik (7. und 6. Jahrhundert v. Chr.) und bei dem Tragiker Aischylos (1. Hälfte des 5. Jahrhunderts v. Chr.) dominiert wie in der *Ilias* die Passivität des leiblichen Ergriffenseins von Göttern und Affekten, wenn auch in der Lyrik sich das Subjekt gelegentlich mit »ich aber« kontrastierend abhebt. Anders gestaltet der Tragiker Sophokles (2. Hälfte des 5. Jahrhunderts v. Chr.) das Erleben seiner Figuren: Der Mensch des Sophokles kann seine Gefühle manipulieren, z. B. seinen Zorn anhalten, sich in Trauer hineinsteigern, das Ergötzende und das Bekümmernde wachsen lassen. Die Seele wird ihm zur abgeschlossenen Innenwelt mit einem Tor, das auch geöffnet werden kann; daneben ist sie aber auch noch wie ein Regungsherd Partner der Person, der zu dieser spricht. Neu ist bei ihm (und dem gleichzeitigen Herodot) die Wendung »aus sich herausgeraten«, »außer sich sein«. Sie verrät, dass die Person mit einer Innenwelt identifiziert wird, als ob sie aus sich selbst herausspränge, wenn sie diese verlässt. Bis in diese Zeit war die Erotik die goldene Aphrodite, eine Atmosphäre, in der allein der Lyriker Mimnermos (7. Jahrhundert v. Chr.) leben wollte wie im Licht der Sonne, mit Abscheu vor dem Alter, wenn das Gold der Aphrodite nicht mehr strahlt; noch Pindar (1. Hälfte des 5. Jahrhunderts v. Chr.) spricht davon, dass ein junges Mädchen bei der Verführung durch Apollon zuerst an die süße Aphrodite rührte. Nach dem Bruch im menschlichen Selbstverständnis ab 450 wird die Erotik aus einer Atmosphäre zum privaten Vergnügen: Die Lysistrate des Komödiendichters Aristophanes beschwichtigt den Einwand, die Männer würden den von ihr zur Beendigung des peloponnesischen Krieges angeregten Sexualstreik mit Gewalt brechen, durch das Argument: »Da ist keine Lust drin.«

Gleichzeitig mit dem menschlichen Selbstverständnis ändert sich das Weltverständnis; die Wasserscheide dafür liegt in der 2. Hälfte des 5. vorchristlichen Jahrhunderts zwischen Empedokles und Demokrit. Bis dahin wird das Weltverständnis der Philosophen von vielsagenden Eindrücken bestimmt, die an leiblich gespürten polaren Kräftepaaren abgelesen werden. Bei Anaximenes ist es das Straffe und Schlaffe, bei Parmenides das schwerfällig Sperrige im Gegensatz zum Leichten und Flinken, assoziiert mit dem Männlichen bzw. Weiblichen und entsprechend dem Gegensatz der beiden Weltmächte Streit (Groll) und Liebe nach Empedokles; weniger günstig für das Weibliche ist die polare Reihung bei Pythagoreern, die auf die eine Seite die Grenze, das Eine, Rechte, Männliche, Ruhige, Gerade, Gute, Quadratische und das Licht stellen, gegenüber das Endlose, Viele, Linke, Weibliche, Bewegliche, Krumme, Schlechte, das Dunkel und das ungleichseitige Rechteck. Aus der Dynamik dieser Kräfte, deren Zusammenspiel Heraklit an der gegenspännigen Fügung bei Bogen und Leier veranschaulicht, wird seit Leukipp und Demokrit bloße Kinetik als Wirbeln der Atome; Heraklits Kompensationsgesetz der gegenspännigen Fügung verflacht im Lauf des 5. Jahrhunderts v. Chr. zu dem pseudoheraklitischen Schlagwort: »Alles fließt.« Diesem Fluss verworrener Kinetik werden zum Ausgleich stabile Invarianten gegenübergestellt: Demokrits Atome (die er »Ideen« nannte), platonisch-aristotelische Ideen, in der Neuzeit die Naturgesetze. Die Invarianten bestimmen die Form für den sinnlichen Stoff. Das Stoff-Form-Denken setzt schon bei Demokrit (mit dem Leitbild der Menschenformung) ein und wird bei Platon und Aristoteles zum Leitfaden, der eine Technik-Orientierung vorzeichnet. Diesem Schema gemäß wird der Mensch in Körper und Seele zerlegt, wobei der Körper als Stoff und Diener, die Seele als dessen formende Kraft und Steuerung fungiert. Die Seele wird zur abgeschlossenen Innenwelt, mit eingeschlossenem Verstand, zu dem nur noch durch die fünf Sinne von außen Zugang möglich ist. Die Außenwelt wird bis auf wenige standardisierte Merkmalsorten, die unspezifischen Sinnesqualitäten (Größe, Gestalt, Zahl, Ruhe, Bewegung, Lage, Anordnung) und deren hinzugedachte Träger (Atome) abgeschält. Der Abfall der Abschälung wird förmlich in den Seelen abgelegt (spezifische Sinnesqualitäten) oder übersehen und dann unter der Hand in veränderter Gestalt in die Seelen mitgenommen.

Diese *psychologistisch-reduktionistisch-introjektionistische Vergegenständlichung* bietet auf der Positivseite enorme Chancen für Selbst- und Weltbemächtigung. Der Mensch erhält in der Seele ein Haus seines Erlebens, in dem er Herr über die unwillkürlichen Regungen sein kann und soll; damit ist das Wallungsproblem der *Ilias*menschen gelöst. Die in der Außenwelt von Demokrit (und Platon im *Timaios*) belassenen Qualitätensorten eignen sich durch intermomentane und intersubjektive Identifizierbarkeit, Messbarkeit und selektive Variierbarkeit vorzüglich für Statistik und Experiment; daher bilden sie noch heute den gesamten Datenvorrat, an dem die Physik im Experiment die aus Theorien abgeleiteten Hypothesen auf Stichhaltigkeit bei der Vorhersage prüft und danach die Theorien selbst bewertet. Dieser Positivseite gegenüber steht die Negativseite, dass die wichtigsten Inhalte der unwillkürlichen Lebenserfahrung verdrängt oder vergessen werden: der spürbare Leib – zwischen Körper und Seele wie in eine Gletscherspalte gefallen – und die leibliche Kommunikation (beim Blickwechsel und unzähligen anderen Anlässen im täglichen Leben), die Gefühle als Atmosphären, die bedeutsamen Situationen und unter ihnen die vielsagenden Eindrücke, die flächenlosen (vom Leitbild der griechischen Geometrie übergangenen) Räume des Wetters, des Schalls, der Stille, der Gebärde, der leiblichen Regungen, der Gefühle usw., ferner die Halbdinge wie die Stimme, der Wind, die reißende Schwere, der Schmerz als zudringlicher Widersacher und nicht bloß Seelenzustand, die Gefühle als leiblich ergreifende Halbdinge.

Im Gefolge der psychologistisch-reduktionistisch-introjektionistischen Vergegenständlichung werden die Philosophen zu Fürsprechern und Betreibern der Selbst- und Weltbemächtigung, in der Antike aber erst der Selbstbemächtigung durch Herrschaft über die unwillkürlichen Regungen, dem Hauptthema der postdemokritischen Philosophenschulen mit Ausnahme des spätantiken heidnischen Neuplatonismus. Die Weltbemächtigung bleibt seit der Herrschaft des Christentums dem allmächtigen Gott überlassen, dessen Aufsicht über ewiges Heil oder Unheil zugleich durch Sündenangst die Selbstbemächtigung zur volkstümlichen Disziplin verschärft. Die wichtigste Erziehung der Menschheit durch das Christentum besteht in der Bindung des affektiven Betroffenseins an das Thema der Macht. Alle anderen Themen des affektiven Betroffenseins, wie Ehre und Ansehen, Familie und Freundschaft, Liebe, Lust und Leid, Alter, Krankheit und Tod werden dem Thema *Macht*, nämlich der Macht Gottes in der Verfügung über künftiges Glück oder Unglück des Individuums, untergeordnet. Dadurch entsteht ein gewaltiger Modernisierungsschub. Der wichtigste spätantike Kirchenvater Augustinus ist ein weitgehend schon moderner Mensch, weil er die rein technische Einstellung des lieblosen Benützers aller irdischen Dinge mit Orientierung des Lebens am einzigen Ziel des eigenen Glücks verbindet und den eigenen Körper als bloße Maschine versteht, die ihm das Geschlechtsleben dadurch verleidet, dass sie sich nicht völlig der Macht des Willens unterordnet. Das Unmoderne an Augustinus besteht nur darin, dass er das Glück als ewige Seligkeit durch Unterwerfung unter Gott und Uniformierung im Verband der Kirche (sowie, im Erfolgsfall, der Seligen im Himmel) sucht.

Das passive Verhältnis zur Macht als dem dominanten Thema des affektiven Betroffenseins nimmt im mittelalterlichen Christentum bald aktive Züge an, weil Menschen (Papst, Klerus) der Zeitanschauung nach von Gott delegierte Macht haben und im Auftrag dieser Machthaber auch selbst militärische Macht ausüben können (Kreuzfahrer). Der Missbrauch zu weltlichen Zwecken – z. B. durch den Papst als weltlichen Fürsten, durch den als Beutezug nach Konstantinopel umgeleiteten 4. Kreuzzug – nimmt dieser Macht den transzendenten Nimbus und bringt sie auf Augenhöhe mit weltlicher Macht. Dieser Prozess ist um 1300 vollendet. Philipp der Schöne, König von Frankreich, ist der erste weltliche Fürst, der den transzendenten Nimbus des Papsttums nicht mehr ernst nimmt und sich damit gegen den Papst durchsetzt, der, verschüchtert, in den Machtbereich des Königs nach Avignon umsiedelt, mit der Folge einer langen Kirchenspaltung, da bald ein zweiter Papst in Rom auftaucht. Von da ab können die Menschen die Macht als das beherrschende Thema ihres affektiven Betroffenseins in die eigenen Hände nehmen.

Gleichzeitig wird dafür eine wichtige weitere Voraussetzung geschaffen. Der die Scholastik längst latent leitende Singularismus – die Überzeugung, dass alles ohne Weiteres einzeln ist, d. h. eine Anzahl um 1 vermehrt – wird um 1300 von Wilhelm von Ockham radikal und geschichtsmächtig ausformuliert: Jede Sache, sogar jedes Akzidens, jede Eigenschaft, ist absolut, als ein Wesen von sich aus (ens a se), das gleichsam auf eigenen Füßen steht, abgelöst von allem anderen; es gibt keine Beziehungen, auch keine alles Einzelne umfassende Weltordnung. Darauf stützt sich der Konstellationismus, die Auffassung der Welt als Netzwerk einzelner Faktoren. Ein Netzwerk kann man umknüpfen; daher beginnt ab 1300 mit Raymundus Lullus die Leidenschaft des Entwerfens kombinatorischer Systeme, gipfelnd bei Leibniz im Projekt einer Characteristica universalis, die durch Universalkombinatorik alle Problemlösungen berechenbar machen sollte, und in der unüberbietbaren Maximierung der Kombinierbarkeit durch die Konzeption aller möglichen Welten. Umknüpfen von Netzwerken ist aber der allgemeine Typus des Arbeitens der modernen Technik; sie ist schon im Singularismus Wilhelms angelegt, wie seine Neubestimmung des technischen Machens zeigt, das von Aristoteles als Realisierung eines dem Techniker vorschwebenden, ihm eingegebenen Programms bestimmt worden war: Für Wilhelm ist es bloßes Verschieben von Stücken im Raum, womit dem Ausprobieren, dem Basteln, dem Umknüpfen von Netzen freie Bahn gegeben ist.

Schon um 1300 wäre die Zeit für Bacon und Hobbes reif gewesen; zu diesem ist von Wilhelm nur ein kleiner Schritt. Statt dessen dauert es drei Jahrhunderte, bis der Mensch sich dazu ermächtigt, die Macht in die Hände des eigenen technischen Könnens zu nehmen. Das liegt zum Teil am Wiedererstarken des vordemokritischen archaischen Eindrucksdenkens als magia naturalis in der Abenddämmerung des mittelalterlichen Christentums (15./16. Jahrhundert). Dabei handelt es sich um die zweite Renaissance archaischer Sinnesart nach dem Urchristentum. Die urchristliche Mentalität im Zeichen des heiligen Geistes – eines in der Situation der Naherwartung des wiederkehrenden Christus ausgebreiteten Gefühls von Liebe, Freude und Freimut (Parrhesia), in dem die Urchristen mit einander lebten – stellt sie im menschlichen Selbstverständnis auf eine Stufe mit Aischylos und Empedokles. Der Mensch des Paulus steht als Leib im Bann der ihn ergreifenden, unter einander unverträglichen atmosphärischen Mächte Geist und Fleisch, die sich etwa so verhalten wie Liebe und Streit nach Empedokles, also nicht im platonischen Sinn eines Gegensatzes des Geistigen und Sinnlichen. Nach dem 1. Johannesbrief treibt vollkommene Liebe die Furcht aus; das ist wörtlich zu verstehen. Das spätere Christentum hat die psychologistisch-reduktionistisch-introjektionistische Vergegenständlichung übernommen und an die Stelle dieser archaischen Denkweise gesetzt, wobei wegen der weltflüchtigen Einstellung der Reduktionismus der Außenwelt lange zurücktrat, ohne zu verschwinden. Es hat die in dieser Vergegenständlichung enthaltenen Potentiale der Bemächtigung ausgebaut: Die Selbstbemächtigung wurde vorangetrieben zur Isolierung der Individuen (verbunden mit Uniformierung in der Kirche) durch die Sorge um das je eigene Seelenheil mit wachsamer Beherrschung der unwillkürlichen Regungen im Gehorsam gegen Gott; die Weltbemächtigung wurde vorbereitet durch Bindung des affektiven Betroffenseins an das Thema der Macht. In der Neuzeit wird die Herrschaft des Christentums abgelöst durch die Aufklärung. Diese übernimmt den christlichen Eudämonismus, wendet ihn ins Irdische und verbindet ihn mit der technischen Weltbemächtigung: Jeder darf für sein Glück die gewaltigen Machtmittel der modernen Technik nützen. Dadurch ergibt sich das Bündnis der modernen Aufklärung mit dem Privatkapitalismus, verwirklicht schon in der Person Voltaires. Es ist der Standpunkt des Augustinus, nur dass das Jenseits keine Rolle mehr spielt.

Das naturwissenschaftlich-technische und singularistische Denken objektiviert und vereinzelt alles Erfahrbare, auch in der Erfahrung des Menschen von sich. Hume findet sich nur noch als ein Bündel von Perzeptionen. Ihnen ist nicht anzumerken, dass es sich um mich handelt. Wo bleibe ich in einer solchen Welt neutraler Elemente? Diese Frage stellt als Philosoph Johann Gottlieb Fichte. Er gelangt damit dicht in die Nähe der Entdeckung der subjektiven Tatsachen (III), versäumt sie aber und mauert das Ich in eine Tathandlung ein, die nur sich selber tut. Da er diese Isolierung nicht halten kann, opfert er sie dem Kompromiss der Einbildungskraft, die zwischen und über allen Tatsachen im Zwiespalt von Abhängigkeit und Unabhängigkeit schwebt. Daraus macht Friedrich Schlegel die romantische Ironie als das Vermögen, sich von jedem Standpunkt zurückziehen und deshalb auch jeden einnehmen zu können. Damit eröffnete er das ironistische Zeitalter, das bis heute anhält. Kehrseite der Ironie ist die Angst als Höhenschwindel des Schwebens über den eigenen Möglichkeiten (Kierkegaard). Im 19. Jahrhundert bedurfte das ironische Schweben noch aktiver Leistung; dadurch entwickelte sich der (gelebte und literarische) Typ des Dandys, verbunden mit dem Weltschmerz der Heimatlosigkeit. Der Dandy trägt Masken, unter denen er sich nicht finden lässt; er verharrt mit apathischer Starrheit und gekonnt vorgeführter Gleichgültigkeit am Rande des Treibens der Menschen, nicht mit der Festigkeit des Stoikers, sondern zur Absicherung gegen ein Verfallen, das ihn binden würde. Aus dieser Randlage stößt er in unvermittelter Provokation zu einer Stellungnahme vor, aus der er sich unberechenbar wieder zurückzieht. Diese Anstrengung des Durchhaltens der ironischen Schwebelage hat der Ironist des 20. Jahrhunderts und der Folgezeit nicht mehr nötig. Seine ironische Haltung ist passiv und volkstümlich geworden. Er ist cool. Während das Streben des Christen durch sein Glücks- und Heilsideal straff geschient war (erst recht als Kriegsdienst für Christus im Calvinismus) und diese Führung noch in der Aufklärung nachwirkte, steht der Mensch des ironistischen Zeitalters inzwischen ohne vorgezeichnete Bahn vor dem Angebot unzähliger technischer Möglichkeiten, die ihn vereinnahmen, wenn er sich auf sie einlässt. Sie sind unter einander konstellationistisch vernetzt, für sein Belieben aber isoliert und ausgestreut. Er bringt zur Steuerung durch das ausgestreute Angebot kein Rückgrat, keine Linie mit, da er ironistisch darauf eingestellt ist, sich von allem abwenden und allem zuwenden zu können. Sein Ironismus ist erschlafft zur Passivität der Selbstverstrickung in die Führung durch vernetzte Angebote mit der Scheinsouveränität beliebigen Wählens aus ihnen.

Dritte Stunde: Die Person und die präpersonalen Grundlagen ihres Selbstbewusstseins; affektives Betroffensein; subjektive vs. objektive Tatsachen; primitive Gegenwart; leibliche Dynamik; leibliche Kommunikation; Identität ohne Einzelheit; Leib ohne Seele

Eine *Person* ist meiner Begriffsbestimmung nach ein Bewussthaber mit Fähigkeit zur Selbstzuschreibung. Selbstzuschreibung besteht darin, etwas für sich (oder sich für etwas) zu halten. Alle spezifisch personalen Leistungen ergeben sich aus dieser Fähigkeit: Verantwortung zu übernehmen, Rechenschaft von sich zu geben, sich einen Platz im Umfeld der Menschen, Dinge, Umstände anzuweisen. Daher scheint mir das Eigentümliche einer Person durch meine Formel getroffen zu werden.

Die Selbstzuschreibung ist eine Identifizierung von etwas mit mir. (Jeder denke an sich.) Sie ist entweder von vornherein eine eindeutige Kennzeichnung, die genau nur auf die betreffende Person zutrifft, oder kann leicht zu einer solchen ergänzt werden. Die Kennzeichnung bei Selbstzuschreibung unterscheidet sich aber von allen anderen Kennzeichnungen durch eine eigentümliche Unzulänglichkeit. Von jeder andersartigen Kennzeichnung kann man erwarten, durch sie zuerst mit der gekennzeichneten Sache bekannt gemacht zu werden, z. B. mit einem Hotelzimmer, das mir zur Übernachtung angewiesen wird, durch Angabe von Stadt, Straße, Hausnummer, Stockwerk und Zimmernummer. Nur im Fall der Selbstzuschreibung muss das Relat (womit identifiziert wird) schon vor der Identifizierung bekannt sein. Sonst ergäbe sich ein zielloser progressus in infinitum, indem immerzu etwas mit demselben unter einer anderen Beschreibung identifiziert würde, wobei offen bliebe, ob ich selbst das bin. Es würde z. B., in meinem

Fall, von einem 1928 in Leipzig geborenen Mann zu einem emeritierten Philosophieprofessor fortgeschritten werden, jeweils mit Ergänzung durch zu eindeutiger Kennzeichnung genügende Angaben. Niemals würde sich herausstellen, dass gerade ich dieses Individuum bin; denn in allen den Hermann Schmitz betreffenden Angaben ist ebenso wenig wie in allen auf Alexander den Großen zutreffenden etwas enthalten, das darauf hindeuten könnte, dass ich Hermann Schmitz und nicht Alexander bin. Nur in umgekehrter Richtung kann diese Feststellung treffsicher werden: Wenn ich schon mit mir bekannt bin, kann ich mich auf Grund von Erfahrungen mit Besinnung auf deren Umstände an den mir zustehenden Platz in der Welt einordnen. Wenn ich mich dabei irre, z. B. im Traum oder auf Grund einer Wahnvorstellung, ist das, was ich mit mir identifiziere, gründlich verschoben, aber nichts ändert sich daran, womit ich es identifiziere, nämlich daran, dass es sich um mich selbst handelt; denn die Bekanntschaft mit dieser Sache bringe ich zu der Identifizierung mit und halte sie quer durch alle Selbstzuschreibungen fest.

Selbstzuschreibung ist also nur möglich, wenn ihr ein identifizierungsfreies Selbstbewusstsein ohne Selbstzuschreibung zu Grunde liegt. Und das gibt es wirklich, nämlich in Gestalt des affektiven Betroffenseins. Wenn ich z. B. Schmerzen habe, weiß ich sofort, dass ich leide, ohne einen Gequälten finden zu müssen, dem ich Identität mit mir zuschreibe. Ferner gibt es fassungslose Zustände mit gesteigerter oder im Gegenteil gelähmter Beweglichkeit – z. B. rasenden Zorn, panische Angst, Massenekstasen bei Festen oder Wutausbrüchen, hingegebenen Kampf im Eifer des Gefechts, Versunkenheit in Schwermut –, Zustände, in denen der Bewussthaber sich gar nicht mehr als Relat einer Identifizierung zur Verfügung steht und sich dennoch in der Intensität der Erregung oder Umnachtung deutlich spürt, viel stärker als bei gleichgültigen Verrichtungen im Alltag. Die Möglichkeit eines solchen von Identifizierung unabhängigen Selbstbewusstseins beruht darauf, dass die Tatsachen des affektiven Betroffenseins *subjektive Tatsachen* sind, die schon in ihrer bloßen Tatsächlichkeit, abgesehen von ihrem Inhalt, den Stempel der »Meinhaftigkeit« tragen, um eine glückliche Wortprägung des Psychiaters Kurt Schneider[1] zu übernehmen. Das zeigt sich daran, dass höchstens *einer*, nämlich der Betroffene, solche subjektive Tatsachen aussagen kann, während bei *objektiven* oder (synonym) *neutralen Tatsachen* jeder dazu in der Lage ist, sofern er genug weiß und gut genug sprechen kann. (Das Entsprechende gilt allgemein für Sachverhalte, auch untatsächliche.) Dieses Kriterium ist nur um der Begriffsschärfe willen am sprachlichen Ausdruck abgelesen, betrifft aber keine sprachliche Besonderheit, weil das Sprechvermögen beliebig groß sein kann und doch nicht dafür ausreicht, dass jemand einem Anderen eine für diesen subjektive Tatsache seines affektiven Betroffenseins nachspricht. Ich zeige das gern am Beispiel eines wahren Ausspruches des Satzes: »Ich bin traurig.« Wenn ein Anderer dieselbe Tatsache aussagen will, darf er nicht in der ersten Person des Singulars sprechen, sondern muss so etwas wie »Hermann Schmitz ist traurig« sagen. Das kann ich ihm nachsprechen, etwa im Rückblick, wenn ich nicht mehr traurig bin, mit Ersatz von »ist« durch »war«; wenn ich aber dieselbe Tatsache wie er beschreiben will, muss ich davon absehen, dass ich Hermann Schmitz bin, denn das konnte er nicht sagen, weil er nicht Hermann Schmitz ist. Nun habe ich also mit der Tatsache zu tun, dass Hermann Schmitz traurig ist (oder war) ohne Rücksicht darauf, dass ich Hermann Schmitz bin. Dieser Tatsache fehlt aber etwas, das in der Tatsache, die mein ursprünglicher Ausspruch »Ich bin traurig« aussagte, mitbeschrieben war, nämlich die Intensität der Ergriffenheit, mit der die Trauer mich angeht, mir nahe geht oder gegangen ist. Um diese Nuance ist die objektive Tatsache, die der Andere sagen konnte, ärmer als die subjektive, die nur ich im eigenen Namen aussagen

[1] Kurt Schneider, Klinische Psychopathologie, 3. Auflage Stuttgart 1950, S. 130

kann. Dabei ist der Inhalt beider Tatsachen derselbe; sogar die Ergriffenheit fehlt nicht in der objektiven Tatsache, denn, wenn Hermann Schmitz traurig ist, ist er selbstverständlich mit Ergriffenheit traurig. Der Unterschied liegt also nicht am Inhalt, sondern an der Tatsächlichkeit. Man muss sich von der Illusion verabschieden, alle Tatsachen seien neutral oder objektiv. Vielmehr gibt es nicht nur viele Tatsachen, sondern auch viele Tatsächlichkeiten, nämlich je eine subjektive pro Bewussthaber und eine objektive, die allen gemeinsam ist und durch Abfallen der Subjektivität für jemand entsteht.

Ein Kritiker hat dieses Ergebnis mit der Behauptung wegzureden versucht, in beiden Fällen handle es sich um dieselbe Tatsache, nur einmal in der Eigenperspektive und das andere Mal in der Fremdperspektive anvisiert. Dieser Vorschlag scheitert daran, dass eine für jemand subjektive Tatsache auch in der Perspektive eines Anderen eine solche ist und ein entsprechender Ausdruck dafür von diesem erwartet wird. Das lässt sich an der Verwendung des Wortes »ich« ablesen. Bei der Darstellung objektiver, nicht mit affektivem Betroffensein des Sprechers beladener Tatsachen fungiert es als bloßes Pronomen, das überflüssig ist, weil man es durch einen von ihm vertretenen Namen ersetzen kann. Wenn ich z. B. meinen Bekannten eine objektive Tatsache mit den Worten »Morgen kommt Hermann Schmitz, überflüssig, hinzuzufügen, dass ich es bin« ankündige, wird man sich vielleicht über die Umständlichkeit der Formulierung wundern, weil man erwartet, dass jeder Erwachsene von sich in Selbstzuschreibung spricht, aber man wird mir recht geben und meine Mitteilung als vollständige Darstellung des Gemeinten akzeptieren. Wenn jemand die Objektivität (Neutralität) von Tatsachen, die er aus seinem Leben berichtet, in der Einstellung des Historikers in eigener Sache hervorheben will, wird er das dann überflüssige Pronomen der ersten Person des Singulars sogar vermeiden, wie Caesar und Xenophon in den Berichten aus ihren Feldzügen. Anders verhält es sich, wenn eine subjektive Tatsache des eigenen affektiven Betroffenseins in unversehrter Fülle einem Anderen übermittelt werden soll. Dann fungiert das Wort »ich« nicht mehr als Pronomen, sondern als Anzeige der Subjektivität des Mitgeteilten (gleich ob Tatsache, Wunsch oder Sorge) für den Sprecher. Ich zeige das an einigen Beispielen, für die ich der Anschaulichkeit halber eine Person namens »Peter Schulze« fingiere. Zuerst an der Liebeserklärung: »Peter Schulze liebt dich, überflüssig, hinzuzufügen, dass ich er bin.« Das angesprochene Mädchen ist verstimmt; es möchte sagen und sagt vielleicht: »Das ist doch gar nicht überflüssig, gerade darauf kommt es mir an.« Nun eine Szene im Beichtstuhl: Sünder: »Peter Schulze hat gesündigt.« Beichtvater: »Sprich: Ich habe gesündigt.« Sünder: »Das ist doch ganz überflüssig.« Beichtvater verweigert die Absolution. Schließlich ein Schrei aus dem Wasser: »Hilfe, Peter Schulze ertrinkt, überflüssig, hinzuzufügen, dass ich das bin.« Das ist kein echter Hilferuf; der hilfsbereite Mitmensch, der auf den Ruf »Hilfe, ich ertrinke« sofort reagiert hätte, wird erst einmal neugierig nachsehen, was eigentlich los ist.

Die Möglichkeit, ohne Identifizierung von etwas mit sich seiner selbst sich bewusst zu sein, beruht also darauf, dass die Tatsachen des affektiven Betroffenseins für den Bewussthaber schon in ihrer bloßen Tatsächlichkeit, ohne Rücksicht auf ihren zuschreibbaren Inhalt, den Stempel des Fürihnseins tragen, als für ihn subjektive Tatsachen. Das ist nur möglich, wenn in ihnen der, für den sie sind, mitgefunden wird. Er muss in ihnen selbst, als identisch dieser, ohne Identifizierung mitgegeben sein. Die Identität, um die es sich dabei handelt, ist die absolute Identität, das Gegenteil der Verschiedenheit, noch nicht die relative Identität von etwas mit etwas, mit dem es identifiziert wird. Die absolute Identität, dieses (und nicht jenes) zu sein, ist nicht selbstverständlich; in einer durchdösten Frist gehen viele Phasen in einander über, aber keine ist sie selbst und verschieden von anderen, sondern sie verschwimmen in einander. In absoluter Identität, keiner Identifizierung bedürftig, kann jemand sich selbst finden, wenn das, was ihm begegnet, mit ihm, dem es begegnet, ohne Spielraum, ohne Vergleichbarkeit, merklich zusammenfällt. Das geschieht im Zusammenfahren, in heftiger leiblicher Engung, beim plötzlichen Einbruch des Neuen, z. B. im Schreck, überwältigend aufzuckendem Schmerz, bei heftigem Ruck oder Windstoß, wenn man einen Schlag vor den Kopf erhält oder den Boden unter den Füßen verliert. Dann fallen die fünf Momente *hier, jetzt, sein, dieses selbst, ich* unausweichlich ohne Spielraum zusammen, während die Orientierung zusammengebrochen ist, so dass keine Merkmale für Identifizierung von etwas mit etwas unter dieser oder jener Hinsicht zur Verfügung stehen. Ich bezeichne dieses Ereignis als *primitive Gegenwart.* An sie knüpft die Subjektivität der subjektiven Tatsachen des affektiven Betroffenseins an, da in ihr ohne Identifizierung der gefunden wird, für den diese Tatsachen subjektiv sind. Auf ihnen aber beruht, wie gezeigt wurde, die Möglichkeit der Selbstzuschreibung, die sonst kein Relat hätte. Die Person als Bewussthaber mit Fähigkeit zur Selbstzuschreibung ist also nur durch primitive Gegenwart möglich.

Die Selbstfindung vor aller Identifizierung ist nicht auf die primitive Gegenwart eingeschränkt; man kann sich auch in tiefer Freudigkeit spüren, aber nur, weil von ihr aus die primitive Gegenwart zugänglich ist, als etwas, das man überholt, indem man spürbar davon loskommt. Entsprechendes gilt für jedes entspannte Sichspüren. Es ist nur so lange möglich, wie die Lösung von der Enge miterlebt wird, und geht wie beim Einschlafen und Dösen in Gleichgültigkeit und Selbstverlust über, wenn das nicht mehr der Fall ist. Die Brücke zum Sichfinden schlägt für alle anderen Gestalten des affektiven Betroffenseins zur primitiven Gegenwart der vitale Antrieb, der in folgendem Sinn die Achse der leiblichen Dynamik ist:

Ich spreche, wenn ich »leiblich« sage, nicht vom sichtbaren und tastbaren Körper, sondern vom spürbaren Leib als dem Inbegriff solcher leiblicher Regungen wie z. B. Angst,

Schmerz, Wollust, Hunger, Durst, Ekel, Frische, Müdigkeit, Ergriffenheit von Gefühlen. Eine definitorische Eingrenzung kann lauten: *Leiblich* ist, was jemand in der Gegend (nicht immer in den Grenzen) seines Körpers von sich selbst, als zu sich selbst gehörig, spüren kann, ohne sich der fünf Sinne, namentlich des Sehens und Tastens, und des aus deren Erfahrungen gewonnenen perzeptiven Körperschemas (der habituellen Vorstellung vom eigenen Körper) zu bedienen. Der spürbare Leib hat eine eigentümliche Dynamik, deren Achse der vitale Antrieb ist, gebildet aus Tendenzen der Engung und Weitung, die in einander verschränkt sind, sich aber auch teilweise von einander lösen können. In der Verschränkung bezeichne ich die Engung als Spannung, die Weitung als Schwellung (im Sinne des stark gebeugten Partizips »geschwellt«, nicht seiner schwach gebeugten Parallelform »geschwollen«); Engung, die sich aus dem Verband abspaltet, bezeichne ich als privative Engung, entsprechend sich abspaltende Weitung als privative Weitung. Dass der Antrieb in der gegenläufigen Verschränkung von Engung und Weitung besteht, zeigt sich so: Er verschwindet, wenn die Bindung sich löst; im Schreck, wenn die Engung gleichsam aushakt, ist er erstarrt oder gelähmt, und im Einschlafen, im Dösen und nach der Ejakulation, wenn die Weitung ausläuft, ist er erschlafft. In reiner Form, gleichsam in sich vertieft, kann man den vitalen Antrieb am Einatmen beobachten. Anfangs führt die Schwellung, die allmählich und stetig in Übergewicht der Spannung übergeht; wenn diese unerträglich wird, wird der Antrieb durch das Ausatmen, wenn es nicht stoßweise erfolgt, in privative Weitung abgeführt. Der bloße Antrieb ergänzt sich durch seine Reizempfänglichkeit und seine Zuwendbarkeit zu empfangenen Reizen zur vollen Vitalität; dann ist er gleichsam der Dampf, unter dessen Druck ein Mensch wie ein Kessel steht.

Achse der leiblichen Dynamik ist der vitale Antrieb mit seinen Verlängerungen durch privative Engung und privative Weitung zur Enge bzw. zur Weite hin in folgendem Sinn: Auf dieser Skala haben alle leiblichen Regungen Platz. Die Reihe beginnt in privativer Engung beim Schreck, der mangels eines Antagonismus von Engung und Weitung nicht eigentlich quälend, sondern erschütternd und ärgerlich ist, weil der Antrieb abreißt und wieder eingefädelt werden muss. Sie führt zum Übergewicht der engenden Spannung in Angst und Schmerz, peinlichen Konflikten eines übermächtig gehemmten expansiven Impulses (»Weg!«), ferner in Beklommenheit, Hunger, Ekel, und von diesem überwiegend engenden vitalen Antrieb zu ungefährem Gleichgewicht beider konkurrierender Tendenzen in der Kraftanstrengung (Heben, Ziehen, Klettern) und beim Einatmen. Im weiteren Verlauf der Skala erhält die Schwellung das Übergewicht über die mit ihr konkurrierende Spannung in Wollust (nicht nur geschlechtlicher, sondern z. B. auch Wollust des Kratzens) und Ergriffenheit von Zorn. Nach Abspaltung von der Spannung folgt in der Skala die privative Weitung, etwa in Gestalt von Erleichterung und wohltätiger Müdigkeit. Variationen des Verhältnisses von Engung und Weitung entstehen außer durch die Gewichtsverteilung und die Alternative von Verschränkung oder Abspaltung durch die Bindungsform in der Verschränkung zum Antrieb. Diese kann kompakt sein, so dass Spannung und Schwellung nur wenig auseinanderkommen oder sich nur stetig und gleichmäßig, wie beim Einatmen, das Übergewicht von der einen Seite auf die andere verschiebt. Die Bindungsform kann aber auch ein rhythmisches Fluktuieren des Übergewichts der Spannung bzw. der Schwellung sein, wobei dem Ganzen der Regung trotzdem diese oder jene das Gepräge geben kann. In diesem Sinn ist der Schmerz kompakt; Angst (mit Übergewicht der Spannung) und Wollust (mit Übergewicht der Schwellung) sind dagegen rhythmisch. Man erkennt das an der keuchenden Atemkurve, zu der Angst und Wollust neigen: Ein im Aufatmen schwellender Impuls bricht sich abrupt an Übergewicht hemmender Spannung und setzt gleich wieder ein. Dagegen keucht niemand vor Schmerz.

Zwischen Engung und Weitung vermittelt die leibliche Richtung, z. B. als Blick und als Ausatmen, indem sie unumkehrbar aus der Enge in die Weite führt, als eine Weitung, die weder wie Schwellung antagonistisch mit Engung verschränkt ist noch sich immer wie privative Weitung von dieser löst, sondern die Engung auch mitnehmen kann, etwa als konzentrierter Blick und stoßartiges Ausatmen. Eine weitere Dimension des Leibes neben der von Engung und Weitung ist die von protopathischer (stumpf verschwommen ausbreitender) und epikritischer (zuspitzender, schärfender) Tendenz. Die protopathische Tendenz steht der Weitung, die epikritische der Engung näher, aber es gibt auch protopathische Engung (beklommener Kopf nach zu reichlichem Alkoholgenuss) und epikritische Weitung (beschwingter, hüpfender Gang).

Alles affektive Betroffensein ist primär und ursprünglich leiblich, eine leibliche Regung im angegebenen Sinn. Personale Bearbeitung in Preisgabe und/oder Widerstand kann dieses leibliche Betroffensein formen und ihm einen Stil, eine persönliche Note aufprägen. Das affektive Betroffensein vermittelt dem personalen wie dem präpersonalen Bewussthaber die Möglichkeit bewusster Selbstfindung durch den vitalen Antrieb, der zusammen mit den Abspaltungen von Anteilen der Engung bzw. Weitung durch seine Engungstendenz die primitive Gegenwart zugänglich hält, gleichsam in Erinnerung oder Vorzeichnung. Ohne solche Durchsicht auf primitive Gegenwart, einen seltenen Ausnahmezustand, würde die gleitende Verschiebung von Spannung und Schwellung gegen einander zusammen mit der Abspaltung privativer Weitung nicht den Halt und die Eindeutigkeit erlangen, die der Dauer und Weite absolute Identität abgewinnt und durch deren Zusammenfall mit Subjektivität in primitiver Gegenwart Selbstfindung ohne Identifizierung ermöglicht. Der Einbruch des Neuen muss die Dauer des Dahinwährens zerreißen und Gegenwart exponieren, damit *dieses* als ich, hier, jetzt und Sein (im Gegensatz zum Nichtmehrsein der zerrissenen Dauer) zur

Identität ereignet ist; damit steht der fest, der affektiv betroffen werden kann und sich auf dieser Grundlage zu identifizieren vermag, mit welcher Bestimmtheit auch immer.

Der vitale Antrieb durchzieht nicht nur den eigenen Leib, sondern schafft auch Gemeinschaft in leiblicher Kommunikation. Diese ist als Dialog der konkurrierend verschränkten Tendenzen Spannung und Schwellung von vornherein in ihm angelegt. Der Dialog spreizt sich gleichsam auf zum Drama mit verteilten Rollen. Das geschieht schon am eigenen Leib beim Erleiden des Schmerzes, der nicht nur ein eigener Zustand ist, sondern auch ein eindringender Widersacher, mit dem man sich auseinandersetzen muss. Dadurch unterscheidet er sich von der nicht minder peinlichen Angst. Angst und Schmerz sind Gestalten eines expansiven Dranges, der übermächtig abgefangen wird. In der Angst kann man aufgehen, indem man in panischer Flucht den Impuls »Weg!« tatsächlich ausübt und dennoch die Angst, die Hemmung des Impulses, mitnimmt. Im Schmerz kann man nicht aufgehen; hier gelingt die Entladung des Impulses »Weg!« nur symbolisch, im ausbrechenden Schrei, und gehemmt in der Bewegung des Aufbäumens. Der Schmerz stellt und fesselt den Gepeinigten radikaler als die Angst. Das liegt an seiner komplizierten Zerrissenheit als Kampf an zwei Fronten, die sich ausdrückt im Gegensatz der teils weitenden (Schrei, Stöhnen, Aufbäumen), teils engenden (Zusammenballen der Fäuste, Zusammenbeißen der Zähne) Schmerzgesten. Der Gepeinigte will einerseits expansiv dem Schmerz entkommen und wehrt sich andererseits durch Engung gegen die Expansivität des Schmerzes selbst, der drückt und drängt. Er ist sozusagen nach zwei Seiten vom Schmerz eingesperrt und dadurch zur Auseinandersetzung gezwungen. Der innerleibliche Dialog von Engung und Weitung beginnt sich im Schmerz also zur Kommunikation unter Partnern zu spreizen. Einen Schritt weiter geht die Spreizung im Erleiden der reißenden Schwere, wenn man stürzt und fällt oder sich gerade noch fängt. Diese Schwere ist eine ergreifende Macht, gegen die der Stürzende sich sträubt, obwohl sie ihm nicht gegenübertritt, sondern von ihm nur am eigenen Leibe gespürt wird, aber nicht als dessen Zustand, sondern als etwas Fremdes, das ihn heimsucht. Ähnlich ist die Begegnung mit dem entgegenschlagenden Wind.

Noch weiter geht die Spreizung leiblicher Kommunikation im Kanal des vitalen Antriebs, wenn sie räumlich getrennte Gestalten verbindet, z. B. beim Blickwechsel: Der mir zugeworfene Blick des Anderen engt mich, ich werfe ihn, gegen die Engung mich weitend, zurück und enge damit den Partner, so dass uns ein gemeinsamer vitaler Antrieb aus Engung und Weitung verbindet. Ein anderes Beispiel ist das geschickte Ausweichen vor einer in drohender Näherung gesehenen wuchtigen Masse. Das gelingt in einer den unvorhersehbaren Umständen spontan angepassten Weise, obwohl man den eigenen Körper so gut wie gar nicht sieht, also auch nicht der Lage und dem Abstand nach mit dem bedrohenden Objekt vergleichen kann. Es gelingt, weil sich der Blick als leibliche Regung vom Typ der unumkehrbar aus der Enge in die Weite führenden Richtung an die drohende Masse, z. B. einen heranfliegenden Stein, wie gebannt hängt und dessen Bewegungssuggestion – die anschauliche Vorzeichnung seiner bevorstehenden Bewegung – in das motorische Körperschema[2], zu dessen unumkehrbaren Richtungen er selbst gehört, so überträgt, dass die Anpassung im Ausweichen möglich wird. Harmlos und unauffällig, aber sehr viel komplizierter gelingt auf dieselbe Weise das Ausweichen, wenn sich Passanten auf bevölkerten Gehwegen begegnen, jeder nur sein Wegziel im Sinn habend, und achtlose Blicke genügen, um Zusammenstöße zu vermeiden, wobei jeder den bevorstehenden Kurs nicht nur des Nächsten, sondern auch den der daneben und dahinter Auftauchenden berücksichtigen muss.

[2] Zum motorischen Körperschema vgl. Hermann Schmitz, Was ist Neue Phänomenologie?, Rostock 2003, S. 31–34

Die leibliche Kommunikation dieses Typs, wobei der gemeinsame vitale Antrieb durch Zuwendung zum Partner der Kommunikation entsteht, bezeichne ich als *antagonistische Einleibung*. Sie ist nicht nur unter Leibern möglich, sondern auch im Verhältnis zu einem leiblosen Gegenstand wie einem heranfliegenden Stein beim Ausweichen vor der in drohender Näherung gesehenen wuchtigen Masse. Dies liegt an den Brückenqualitäten, die sowohl am eigenen Leib gespürt als auch an begegnenden Gestalten – ruhenden, bewegten und ihren Bewegungen – wahrgenommen werden können. Das sind Bewegungssuggestionen – anschauliche Vorzeichnungen von Bewegung ohne solche oder über ihr Maß hinaus – und synästhetische Charaktere, die meist als intermodale Eigenschaften an spezifischen Sinnesqualitäten, aber im Fall weiter, dichter oder drückender Stille auch ohne solche vorkommen. Synästhetische Charaktere, die ganz ohne Synästhesien auskommen, sind z. B. das Scharfe, Grelle, Sanfte, Spitze, Helle, Harte, Weiche, Warme, Kalte, Schwere, Massige, Zarte, Dichte, Glatte, Raue der Farben, Klänge, Gerüche, des Schalls und der Stille, des hüpfenden und des schleppenden Ganges, der Freude, des Eifers, der Schwermut, der Frische und Müdigkeit; die Aufzählung legt nahe, wie sich das Leibliche und das gegenständlich Wahrgenommene in den synästhetischen Charakteren überschneiden. Die antagonistische Einleibung ist teils einseitig, wenn der dominante, bindende und fesselnde Engepol des gemeinsamen vitalen Antriebs immer auf einer Seite bleibt, z. B. im vorhin beschriebenen Beispiel bei der drohend sich nähernden wuchtigen Masse, an die der Blick sich hängt, oder wechselseitig, mit kurzfristigem Wechsel der Dominanz wie beim Blickwechsel und im meist davon begleiteten Gespräch. Wechselseitige antagonistische Einleibung ist die Quelle der spontanen Gewissheit, die gelegentlich auch trügen kann, mit einem anderen Bewussthaber zu tun zu haben.

Außer der antagonistischen Einleibung gibt es die solidarische, bei der ein gemeinsamer vitaler Antrieb Mehrere verbindet, ohne dass einer sich dem anderen zuwendet. So etwas geschieht bei stürmischem Mut und panischer Flucht einer Truppe, bei rhythmischem Rufen, Klatschen, Trommeln durch den Rhythmus als die Bewegungssuggestion, die einer Sukzession durch ihre Sukzessivität anhaftet, beim gemeinsamen Singen, Musizieren, Rudern oder Sägen, in Massenekstasen usw. Außer der leiblichen Kommunikation im Kanal des vitalen Antriebs, der Einleibung, gibt es leibliche Kommunikation im Kanal der privativen Weitung; ich bezeichne diese als *Ausleibung*. Es handelt sich um Trancezustände, in denen die von der Engung aufrecht erhaltene Enge des Leibes in die Weite gleichsam ausläuft. Das kann durch den Blick als unumkehrbare leibliche Richtung in die Tiefe des Raumes geschehen, etwa auf eintönig geraden Straßen, wobei der Autolenker, dessen vitaler Antrieb wenig aktiviert wird, in Gefahr ist, die Kontrolle über sein Fahrzeug zu verlieren, oder gleichsam schmelzend, wie beim Dösen in der Sonne oder beim Starren in Glanz. Das ist eine Kommunikation, in der der Leib absorbiert wird, ein Rückfluss aus der Zugänglichkeit der primitiven Gegenwart in die maßlose Weite, die durch das Ereignis der primitiven Gegenwart zerrissen wird.

Aus der gleitenden Dauer des Dahinlebens und Dahinwährens, ungeschieden nach Dauer und Weite, weiter der sie zerreißenden primitiven Gegenwart, der leiblichen Dynamik und der leiblichen Kommunikation bildet sich eine Lebensform, auf die die Tiere, die Säuglinge und die Dementen ganz und gar angewiesen sind, so dass sie nicht darüber hinauskommen. Ich sage das mit Vorbehalt bezüglich der höheren Wirbeltiere, z.B. der Menschenaffen; allenfalls der empirische Zoologe, vielleicht nicht einmal er, kann Übergangszonen abstecken, in denen die Schwelle verschwimmt. Ich bezeichne diese Lebensform als das *Leben aus primitiver Gegenwart.* Diese ist nämlich die Quelle, aus der nicht nur die Subjektivität des Sichfindens ohne Identifizierung im affektiven Betroffensein, sondern auch die Identität über die Breite des unübersehbar reichen Lebens aus primitiver Gegenwart ausstrahlt. Auch wir personalen Menschen leben zum großen Teil aus primitiver Gegenwart, nämlich bei allen routinierten, unwillkürlich ablaufenden Verrichtungen, die wir zum großen Teil mit den Tieren gemein haben. Dabei sind wir im Ablauf der Bewegung vor Verwechslungen geschützt, im Gegensatz zu den Kranken, die nach einem Gehirnschaden an Apraxie leiden. An diesem Schutz zeigt sich, dass wir dabei mit Identität – hier erst mit absoluter – und Verschiedenheit vertraut sind. Noch aber fehlt die Einzelheit. *Einzeln* ist, was eine Anzahl um 1 vermehrt. Identität ohne Einzelheit lässt sich am glatten Kauen fester Nahrung aufzeigen. Der Kauer, Mensch oder Tier, ist beim Kauen mit der Identität der Zunge und ihrer Verschiedenheit von der Nahrung vertraut; deswegen unterlässt er, seine Zunge zu zerbeißen. Einzeln wird ihm beim unwillkürlichen Kauen etwas aber erst, wenn sich ein Bissen als zäh erweist, und auch das wohl nur, wenn er schon eine Person ist. Die Gliederbewegung würde ihre Flüssigkeit verlieren, wenn die Abschnitte einzeln würden, statt in einander überzugehen.

Nun ist ein Standpunkt erreicht, auf dem die in der zweiten Stunde beschriebene und wegen Verkürzung der unwillkürlichen Lebenserfahrung gerügte psychologistisch-reduktionistisch-introjektionistische Vergegenständlichung an der Seite des Psychologismus, ihrer Grundlage, aufgerollt werden kann. Psychologismus ist die Vorstellung, dass das gesamte Erleben eines Bewussthabers in eine ihm zugehörige, meist als Seele bezeichnete private Innenwelt eingeschlossen sei. Eine sehr entschiedene Formulierung, zugleich ein Hinweis auf die daraus sich ergebende Problematik, stammt von Kant: »Wenn wir äußere Gegenstände für Dinge an sich gelten lassen, so ist schlechthin unmöglich zu begreifen, wie wir zur Erkenntnis ihrer Wirklichkeit außer uns kommen sollten, indem wir uns bloß auf die Vorstellung stützen, die in uns ist. Denn man kann doch außer sich nicht empfinden, sondern nur in sich selbst, und das ganze Selbstbewusstsein liefert daher nichts, als lediglich unsere eigenen Bestimmungen.«[3] Zu der Innenwelt gehört ein Inhaber, ein Subjekt oder Bewussthaber, dessen Innenwelt sie ist. Die nächste, als Folge der Abgeschlossenheit der Innenwelt unmittelbar ersichtliche, Schwierigkeit besteht darin, dass er, wenn er darin steckt, nicht mehr heraus kommt, um das Zeugnis der Sinne, seine einzige Informationsquelle über die Außenwelt, draußen zu kontrollieren. Das hat schon Demokrit, der erste Psychologist, gemerkt[4], und Kant will deswegen gar alle Gegenstände, von deren Wirklichkeit jemand sich überzeugen kann, in dessen Innenwelt verlegen.[3]

Auf diese Schwierigkeit will ich jetzt keinen Wert legen und statt dessen den Psychologismus mit dem Einwand angreifen, dass er das Verhältnis des Bewussthabers zu seiner Innenwelt nicht bestimmen kann. Dafür sind in der psychologistischen Tradition vier Vorschläge gemacht worden. Der rigoroseste besteht darin, den Inhaber in den Inhalten seiner Innenwelt aufgehen zu lassen, also mit einem Bündel von Perzeptionen (Hume) oder Empfindungen (Mach) zu identifizieren; so dachte auch der frühe Husserl. Diese Auflösung des Bewussthabers lässt sich nur halten, solange man ruhig am Schreibtisch sitzt; sobald es ernst wird, indem man z. B. buchstäblich brennt oder von brennender Scham befallen wird, merkt man sofort, dass man selber leidet und nicht nur ein gewisser Haufen von Vorstellungen einige Modifikationen durchmacht. Platon identifiziert den Bewussthaber mit seiner Seele, der ganzen Innenwelt, und siedelt ihn zugleich in dieser an, was zu dem paradoxen Ergebnis führt, dass er das Denken als Selbstgespräch der Seele mit sich in der Seele ausgibt, als sei der Bewohner eines Hauses das Haus, in dem er wohnt.[5] Aristoteles identifiziert einen jeden, also den Bewussthaber, mit dem Geist als dem Göttlichen in ihm, das über Menschen-

---

[3] Kritik der reinen Vernunft, 1. Auflage Riga 1781, S. 378

[4] Diels und Kranz, Die Fragmente der Vorsokratiker, 68B125

[5] Gesetze 959a.b; Sophistes 263e 3–5, 264a 8 f.

maß hinausgehe[6]; diese Überspanntheit, die an Nietzsches Übermenschen erinnert, vermeidet zwar Platons Kontamination, ist aber als einseitige Parteinahme unglaubwürdig. Schließlich kann man den Bewussthaber auf die reine Inhaberfunktion beschränken, so Kant das Ich als Subjekt ohne alle erkennbaren Bestimmungen gegenüber seiner Innenwelt, dem Ich als Objekt[7], und Husserl (der spätere) das reine Ich, das »reines Ich und nichts weiter«, aber »für jeden Bewusstseinsstrom ein prinzipiell verschiedenes« sei[8]; so löst man den Bewussthaber durch Abmagerung (zur Leerform) auf, wie Hume durch Verdickung zu einer Vorstellungsmasse.

Diese Vorschläge sind je für sich schon fragwürdig, aber alle zusammen und weitere der Art haben einen prinzipiellen Fehler: Sie kommen zu spät. Sie bieten dem Bewussthaber vermeintliche objektive Tatsachen zur Selbstzuschreibung an und sehen darüber hinweg, dass er schon mit sich bekannt sein muss, um sich etwas zuschreiben zu können. Damit ich – jeder denke an sich – und nicht irgend jemand es bin, der z. B. ein Bündel von Vorstellungen, eine Seele, ein göttlicher Geist oder ein reines Ich ist, muss ich erst einmal der sein, als den ich mich vor jeder Selbstzuschreibung kenne, so dass ich diese durch Bereitstellung des Relats möglich mache. An diesem reden alle Philosophen der Tradition vorbei, wenn sie mir sagen wollen, wer ich bin; daher verfehlen sie das Thema. Wenn man das Gesuchte treffen will, muss man bei dem Bekannten der Vorkenntnis, die für die Selbstzuschreibung mitgebracht werden muss, ansetzen, und dann kommt man, wie sich herausgestellt hat, zunächst auf die subjektiven Tatsachen des immer leiblichen affektiven Betroffenseins und weiter, um den zu finden, für den sie subjektiv sind, auf die leibliche Dynamik in

[6] Nikomachische Ethik 1178a 2–4 mit 1177b 26–28

[7] Preisschrift über die Fortschritte der Metaphysik, Akademieausgabe Band 20 S. 270

[8] Ideen zu einer reinen Phänomenologie und phänomenologischen Philosophie 1. Buch, Halle a. d. S. 1913, S. 160 und 109

Gestalt der primitiven Gegenwart und des vitalen Antriebs. Die Grundlage des Personseins ist demnach nicht seelisch, sondern leiblich (natürlich auch nicht körperlich wie das Gehirn, das neuerdings von neurologischen Usurpatoren der Philosophie an Stelle der Seele angeboten wird). Die leibliche Dynamik entfaltet sich zur leiblichen Kommunikation; daraus ergibt sich die Grundschicht des Personseins, das Leben aus primitiver Gegenwart. In ihm kommt keine Abgeschlossenheit vor, vielmehr Empfänglichkeit für den Einbruch des Neuen in primitiver Gegenwart und ein Dialog, der sich zum Spiel mit verteilten Rollen aufspreizt, im Kanal des vitalen Antriebs. Mit dem Überschreiten der Schwelle zum Personsein bildet sich dann allerdings eine Sphäre des Eigenen im Gegensatz zum Fremden, in Gestalt von persönlicher Situation und persönlicher Eigenwelt. Davon wird in der sechsten Stunde die Rede sein. Diese Eigensphäre reicht aber nicht zu einer alles Erleben des Bewussthabers einschließenden privaten Innenwelt, allein schon deshalb nicht, weil dieses Erleben einschließlich der Selbstzuschreibung nur möglich ist, indem der Bewussthaber unter das spezifisch Personale bis hin zur primitiven Gegenwart gleichsam abtaucht.

Vierte Stunde: Situationen; Entfaltung der primitiven Gegenwart zur Welt als dem Feld möglicher Vereinzelung in fünf Dimensionen: Raum, Zeit, Sein und Nichtsein, relative Identität, das Eigene und das Fremde; die Rätsel der Zeit

Leibliche Dynamik und leibliche Kommunikation sind die wichtigsten Quellen von Situationen. Eine *Situation*, wie ich das Wort verstehe, wird durch drei Merkmale definiert:

1. Sie ist ganzheitlich, d. h. nach außen abgehoben und in sich zusammengehalten.
2. Sie wird zusammengehalten durch eine *Bedeutsamkeit*, die aus *Bedeutungen* besteht. Bedeutungen im hier gemeinten Sinn sind Sachverhalte (dass etwas ist), Programme (dass etwas sein soll [als Norm] oder sein möge [als Wunsch]) oder Probleme (ob etwas ist). (Mit »ist« meine ich hier, die Einfachheit halber, auch das Nichtsein, das Sosein und das Nichtsosein. Sachverhalte können auch untatsächlich sein, wie im Fall der illusorischen Furcht davor, dass etwas Schreckliches geschieht, während es tatsächlich nicht geschieht.)
3. Die Bedeutsamkeit ist binnendiffus, in dem Sinn, dass in ihr nicht alles (eventuell gar nichts) einzeln ist, d. h. eine Anzahl um 1 vermehrt.

Situationen in diesem Sinn sind beispielshalber alle motorischen Kompetenzen und ihre Ausübung, also jede zweckmäßig, unwillkürlich oder willkürlich, geführte freie Gliederbewegung, z. B. beim Kauen fester Nahrung, beim Sprechen oder bei der Abwehr von Gefahren. In allen solchen Fällen wird vieles verstanden (Sachverhalte), vorgenommen (Programme) und bewältigt (Probleme), ohne dass mehr als weniges davon einzeln bewusst wird (gar nichts bei ganz unwillkürlichem Tun). Wer z.B. auf regennasser, dicht befahrener Straße durch geschicktes Ausweichen, Bremsen oder Beschleunigen des Autos einem drohenden Unfall entkommt, hat die relevanten Sachverhalte, die Probleme des zunächst drohenden Zusammenstoßes und der bei Ausweichen eventuell hinzukommenden Bedrohungen ähnlicher Art und die Programme möglicher Rettung mit einem Schlag (in antagonistischer Einleibung) erfasst und auch schon zweckmäßig beantwortet, ohne zur Vereinzelung dieser Bedeutungen Zeit zu haben, außer allenfalls bei einem schmalen Teil davon. In solchen Fällen präsentiert sich die ganze Bedeutsamkeit der Situation auf einen Schlag; dann nenne ich die Situation *impressiv*, sonst (wenn immer nur Ausschnitte der Bedeutsamkeit zum Vorschein kommen) *segmentiert*. Die impressiven Situationen bezeichne ich auch als vielsagende Eindrücke. Eine andere wichtige Einteilung der Situationen ist die in *aktuelle* (die in beliebig kurzen Zeitabschnitten auf mögliche Veränderungen hin beobachtet werden können) und *zuständliche* (bei denen die Suche nach Veränderungen erst nach längeren Fristen sinnvoll ist). Alle motorischen Kompetenzen sind zuständliche Situationen, ihre Ausübungen aktuelle.

Die Bedeutsamkeit aktueller Situationen wird besonders reich, wenn jemand in antagonistischer oder solidarischer Einleibung mit leiblichen Wesen (Tieren oder Menschen) zu tun hat. Im Sprechen der Menschen mit einander – dabei handelt es sich um aktuelle Situationen – bilden und wandeln sich die Sprachen. Sprachen sind zuständliche Situationen; sie bestehen ganz und gar aus einer ganzheitlich-binnendiffusen Bedeutsamkeit aus Bedeutungen, die Programme sind, nämlich Sätze, d.h. Regeln dafür, wie gesprochen werden kann, um Sachverhalte, Programme und/oder Probleme darzustellen. Der Könner, der die Sprache erlernt hat, greift in ihren Vorrat an Sätzen hinein und holt die zu seiner Darstellungsabsicht passenden Muster blind, aber treffsicher heraus, nicht wählerisch vor dem Sprechen, sondern erst durch seinen sprechenden Gehorsam, sein Regelfolgen, selbst; erst danach werden sie ihm als einzelne zugänglich, es sei denn, dass er einen vorbereiteten Text nachspricht. Ebenso wie bei Ausübung motorischer Kompetenzen, z. B. dem unter (III) besprochenen glatten Kauen fester Nahrung, handelt es sich beim Sprechen also um einen durch (absolute) Identität und Verschiedenheit vor Verwechslungen geschützten Umgang (hier mit der Sprache) im Leben aus primitiver Gegenwart. Dabei werden von der ganzheitlich innegehabten Sprache immer nur Ausschnitte zugänglich; sie ist also eine segmentierte Situation, während die Gespräche, in denen die Sprache gebraucht wird, häufig impressive Situationen sind, manchmal aber auch segmentierte, wenn nur in Ausschnitten deutlich wird, worum sich das Gespräch »dreht« (welche Bedeutsamkeit darin zum Besprechen oder Beschweigen ansteht).

Als Spreizungen der dialogischen Konkurrenz von Spannung und Schwellung im gemeinsamen vitalen Antrieb sind Situationen der Einleibung unter Bewussthabern, z. B. im Gespräch, voll von Nuancen der Dominanz und Unterwerfung, wodurch ihre Bedeutsamkeit beträchtlich aufgeladen wird. Besonders wichtig ist dabei der Blickwechsel, wobei es aber keineswegs auf Beherrschungs- oder Unterwerfungsabsichten ankommt, sondern auf den Automatismus im vitalen Antrieb. Die dominantesten Blicke sind, solange sie naiv und nicht manipulatorisch eingesetzt werden, von Beherrschungsabsicht so weit wie möglich entfernt: der liebevolle und der demütige Blick; sie rühren und entwaffnen dadurch, weil der Gerührte den Boden seines Standpunktes unter den Füßen seines Stehens darauf verliert, und ohne festen Boden unter den Füßen kann man sich nicht wehren.

Das Leben aus primitiver Gegenwart ist erfüllt von Situationen, aus deren Bedeutsamkeit keine einzelnen Bedeutungen abgerufen werden können. Statt dessen werden in diesem

Leben ganze Situationen durch Rufe und Schreie (z. B. Alarm-, Lock- und Klagerufe) heraufbeschworen, modifiziert oder beantwortet. Diese Lebensform wird erst überschritten, wenn satzförmige Rede zur Verfügung steht. Ich verstehe diesen Ausdruck nicht syntaktisch, als müsse solche Rede grammatisch gegliedert sein, sondern semantisch: Eine Rede ist *satzförmig*, wenn sie einzelne Sachverhalte, einzelne Programme, einzelne Probleme aus der Bedeutsamkeit von Situationen herauszuholen und/oder diese Explikate zu kombinieren vermag. Satzförmige Rede ist ein doppelseitiges Zwischending, ein Schritt, der beim Leben aus primitiver Gegenwart ansetzt und zu dem hinüberführt, was ich gleich als Leben in entfalteter Gegenwart bestimmen werde. Im Verhältnis zu der Sprache, die sie verwendet, lebt sie aus primitiver Gegenwart, wie ich gerade gezeigt habe, im Verhältnis zu den Bedeutungen, die sie durch Gebrauch der Sprache aus Situationen expliziert und dann kombiniert, aber in entfalteter Gegenwart, im Umgang mit Einzelnem.

Auf dem Vermögen satzförmiger Rede beruht die Überlegenheit des (personalen) Menschen über die Tiere. Der Mensch kann die Sachverhalte, Programme und Probleme, auf die es ihm ankommt, als einzelne beliebig isolieren und kombinieren, dadurch die Situationen, aus denen er sie schöpft, in den Griff nehmen und so übersichtlich rekonstruieren, dass er die Lage beherrscht. Er kann durch Kombination der explizierten Bedeutungen die vorgegebenen Situationen überholen, die durch Kombination entstehenden Konstellationen umordnen und durch solche Sandkastenspiele ausfindig machen, was sich aus der Situation machen lässt und worauf man gefasst sein muss. Der Mensch behauptet sich in seiner Umgebung, indem er Situationen als Konstellationen einzelner Faktoren rekonstruiert, ohne die Bedeutsamkeit der Situationen dadurch ausschöpfen zu können; die Rekonstruktion bleibt ein probierendes Anpassen.

Aus der Freisetzung einzelner Bedeutungen in satzförmiger Rede ergibt sich folgendermaßen die Einzelheit beliebiger Sachen[9]: *Einzeln* ist, was eine Anzahl um 1 vermehrt (oder, was man leicht als logisch gleichwertig erkennt: was Element einer endlichen Menge ist). Anzahlen sind Eigenschaften von Mengen, Mengen Umfänge von Gattungen in so weitem Sinn des Wortes, dass alles, wovon etwas ein Fall sein kann, Gattung ist.[10] Demnach kann etwas einzeln sein nur als Element einer Menge und Fall einer Gattung. Gattungen sind Sachverhalte, die als einzelne nur in satzförmiger Rede identifiziert werden können; denn nur dadurch kann man festlegen, welcher bestimmte Sachverhalt gemeint ist. Dies genügt schon, um die These des Singularismus (II) zu widerlegen, dass alles ohne Weiteres einzeln ist. (Das Weitere besteht im Element- und Fallsein.) Höchstens könnte noch die Teilthese wahr sein, dass alles einzeln ist, aber auch sie lässt sich widerlegen, und zwar nicht nur empirisch, etwa durch Hinweis auf die durchdöste Frist (III), sondern auch rein logisch.[11] Jede Gattung ist eine Bestimmung, wodurch etwas als Fall von etwas bestimmt wird, und jede Bestimmung eine Gattung in diesem ganz weiten Sinn. Die Bestimmung muss dem Bestimmten zukommen, in der Weise, dass das Bestimmte die Bestimmung bekommt; beides, das Zukommen und das Bekommen, ist dasselbe Verhältnis, von der anderen Seite angesehen. Nun ist aber das Zukommen wieder eine Bestimmung der zukommenden Bestimmung. Daraus folgt zunächst, dass das Verhältnis durch Zwischenglieder kompliziert wird. Diese wachsen sich aber sogar zu einer Kette ohne Ende, einem progressus in infinitum, aus; denn das Zukommen hat wiederum die Bestimmung, der

[9] Für die genaue Ausarbeitung des hier kurz zusammengefassten Gedankenganges verweise ich auf Hermann Schmitz, Logische Untersuchungen, Freiburg i. Br./München 2008, Kapitel 2 (Zahl) und 3 (Einzelheit).

[10] Den Begriff, Fall von etwas zu sein, habe ich a. a. O. S. 33 f. mit rein logischen Mitteln analysiert. Dort gebe ich auch meinen Begriff der Gattung an.

[11] Logische Untersuchungen S. 36 f.; Hermann Schmitz, Freiheit, Freiburg i. Br./München 2007, S. 89–92

zukommenden Bestimmung zuzukommen, so dass sich an das erste Zukommen ein zweites hängt, aus gleichem Grund an das zweite ein drittes usw. ad infinitum. Damit entfällt die Möglichkeit des Bekommens einer Bestimmung; denn das Bekommende müsste erstes Glied der Kette sein, die zu der zukommenden Bestimmung aufsteigt, also letztes Glied derselben Kette im Abstieg, aber eine ins Unendliche weiterlaufende Kette hat kein letztes Glied. Demnach wäre alles unbestimmt. Das ist natürlich falsch, wie das ganze Raisonnement. Der Fehler liegt in der Voraussetzung, dass jede Bestimmung einzeln sei, als Glied einer Kette also die Anzahl der Glieder um 1 vermehren würde. Daraus folgt: Es kann keinen Gegenstand geben, dessen Bestimmungen (des Zukommens oder Bekommens von Bestimmungen) sämtlich einzeln sind. Alle einzelnen Bestimmungen sind in einen Nebel nicht vereinzelter eingebettet. Die singularistische Voraussetzung, dass alles einzeln sei, ist für die Bestimmtheit keines einzelnen Gegenstandes haltbar.

Etwas kann also nur einzeln sein, wenn seine absolute Identität, es selbst zu sein, ergänzt wird durch die Bestimmtheit als Fall einer (einzelnen) Gattung[12], und eine einzelne Gattung oder Bestimmung ist nur möglich als hervortretend aus einer diffusen, d. h. nicht aus lauter Einzelnen bestehenden Mannigfaltigkeit von Bestimmungen, die Bedeutungen – Sachverhalte, Programme, Probleme – sind oder enthalten. Dieses Mannigfaltige könnte formlos sein, wie es sich in Zuständen starker Benommenheit gibt; für Tiere und Menschen wird es für den Umgang handhabbar nur als binnendiffusganzheitliche Bedeutsamkeit von Situationen. Die Ganzheit der Situationen bringt aber nicht immer Einzelheit mit sich. Jeder Mensch geht unablässig durch Situationen hindurch,

---

[12] Die Konsequenz, dass jede Gattung, um einzeln zu sein, eine andere, deren Fall sie ist, benötige, usw. ad infinitum, trifft nicht zu, siehe Logische Untersuchungen S. 42.

auf die er sich in flüssiger Anpassung einstellt, aber zu einzelnen, die eine Anzahl um 1 vermehren, werden sie meist erst im Rückblick, wenn man sich z. B. überlegt, ob man so etwas oder etwas dergleichen schon einmal erlebt hat. Viele Menschen, z. B. Kinder im Vorschulalter, sprechen geläufig eine Sprache, ohne zu merken, das das eine einzelne Sprache ist. Noch deutlicher ist die Ganzheit ohne Einzelheit bei den Situationen flüssiger Gliederbewegung. Die Ganzheit der Situationen geht also der Einzelheit oder numerischen Einheit grundsätzlich vor, wenn auch viele Situationen einzeln sind oder wenigstens vereinzelt werden können.

Einzelne Bedeutungen sind nur möglich, indem sie durch satzförmige Rede aus der binnendiffusen Bedeutsamkeit von Situationen entbunden werden. Sachverhalte[10], die meist Programme und/oder Probleme enthalten, sind Gattungen oder Bestimmungen von etwas, das ihr Fall ist. Einzeln müssen sie sein, um eine Menge als den Umfang einer bestimmten, einzelnen Gattung bestimmen zu können, so dass der Fall als Element der Menge einzeln sein, d. h. eine Anzahl um 1 vermehren kann. Daraus folgt: Satzförmige Rede ist eine Bedingung der Möglichkeit einzelner Sachen. Einzelheit ist die Ergänzung absoluter Identität durch die Bestimmtheit als Fall einer einzelnen Gattung (Bestimmung), die als Umfang eine Menge hat, d. h. einen Umfang, der eine Anzahl besitzt. Für diese Rolle kommen aber immer viele, oft unübersehbar oder unendlich viele, Gattungen in Betracht. Dadurch erweitert sich die absolute Identität, dieses und nichts anderes, also selbst zu sein, zur relativen Identität von etwas mit etwas: Einzelnes ist als Fall von A identisch mit ihm als Fall von B usw. Der triviale Grenzfall relativer Identität ist die Identität mit sich in derselben Hinsicht, die Tautologie.

Nachdem die Einzelheit als eine die absolute Identität ergänzende und zur relativen Identität fortbildende Form entbunden ist, kann ein Rahmen ausgespannt werden, in dem Platz für alles ist, das aus Situationen hervortritt oder hervorgeholt werden kann. Dieser Rahmen ist die *Welt* als das Feld der freien Einzelheit, d. h. der möglichen Vereinzelung von etwas. Dabei geht es aber nicht darum, dass tatsächlich alles vereinzelt, der Hintergrund der Situationen mit binnendiffuser Bedeutsamkeit also durch Konstellationen einzelner Faktoren ausgeschöpft werden könnte. Das wäre der Irrtum des Singularismus (II) und Konstellationismus, der zwar im neuzeitlichen technizistischen Denken sehr beliebt ist, aber, wie sich gezeigt hat, den Ast absägt, auf dem er sitzt. Der Mensch ist berufen, Situationen näherungsweise als Konstellationen zu rekonstruieren; das ist sein Lebensrecht, denn anders kann er sich nicht behaupten und durchsetzen. Er tut aber gut daran, dabei die Situationen, aus denen er schöpft, in ihrer binnendiffusen Bedeutsamkeit im Auge zu behalten und zu respektieren. Diesen Respekt zu einer besonderen Gestalt der Explikation in satzförmiger Rede auszubilden, ist Aufgabe und Leistung der Poesie. Während die prosaische Explikation mit dem Prototyp der Problemlösung aus problematisch zugespitzten Situationen nur eine Tatsache oder ein als geltend einleuchtendes Programm als die Lösung herauszieht und den ganzen Rest vergisst, webt der Dichter aus den Sachverhalten, Programmen und Problemen, die er in seiner Rede zur Sprache bringt, mit geschickter Sparsamkeit gleichsam ein so dünnes Netz, dass die von ihm heraufbeschworene Situation, bei ausgedehnten und komplizierten Dichtungen das Situationengeflecht, in unversehrter Ganzheit durchscheinen kann. Dichtung wird als Überfliegen der rauen Wirklichkeit oft nicht ganz ernst genommen, und im Zeichen des grassierenden Konstellationismus weniger denn je, aber die Sicht- und Arbeitsweise des Dichters, die Ganzheit der Situationen und ihrer binnendiffusen Bedeutsamkeit durch die redend gewonnenen Explikate durchscheinen und wirken zu lassen, ist zugleich Grundstein der Meisterschaft des geschickten Praktikers und Menschenbehandlers, sei er Politiker, Manager, Kaufmann, Arzt, Offizier, Hausfrau, Erzieher oder in einem anderen Beruf mit Zuwendung zu Menschen oder Menschengruppen. Wenn er dann diese hermeneutische Intelligenz, die mit wenig Explikation an kritischen Punkten auskommt, der analytischen opfert, die sich mit den Explikaten und ihrer Kombination begnügt, wird er Schiffbruch erleiden.

Mit dem Eintritt in die Welt wird der Horizont des Lebens aus primitiver Gegenwart gesprengt. Dabei wird aber kein Neuland betreten, dessen Ordnung von Grund auf anders wäre, denn der Rahmen, den die Welt um die Möglichkeiten des Einzelnseins spannt, kann als Entfaltung der fünf Momente verstanden werden, die in der primitiven Gegenwart ununterscheidbar verschmolzen sind: hier, jetzt, Sein, dieses, ich. Der Übertritt in die Welt, der für Subjektivität, Sein und Identität auf das Leben aus primitiver Gegenwart angewiesen und daher darin festgehalten ist, ist also zugleich eine Entfaltung dieser (primitiven) Gegenwart, und das Leben in der Welt ein *Leben in entfalteter Gegenwart*. Ich will diese Entfaltung an den fünf Momenten der Reihe nach genauer verfolgen.

1. Das *Hier* der primitiven Gegenwart, der absolute Ort als die leibliche Enge der Bedrängnis durch den plötzlichen Einbruch des Neuen, entfaltet sich zu einem System relativer Orte, die sich gegenseitig durch Lage- und Abstandsbeziehungen zu einander in der Weise eines Koordinatennetzes bestimmen. Dieses System kann beliebig über die Weite, aus der diese Enge durch Engung abgedrängt ist, ausgespannt werden, als der Rahmen, in dem durch Verortung alles, was sich im Raum zur Vereinzelung eignet, auf örtlich bestimmte Einzelheit festgelegt wird.
2. Das *Jetzt* der primitiven Gegenwart, der absolute Augenblick des Plötzlichen im Einbruch des Neuen, entfaltet sich entsprechend durch eine Serie relativer Augenblicke, die teils in das Neue, verstanden als Ankündigung des Bevorstehenden, von der Erwartung hineingelegt werden, teils in die vom Einbruch des Neuen zerrissene Dauer des Dahin-

lebens, die durch den zerreißenden Abschied vorbei und nicht mehr ist, von der Erinnerung. So entsteht eine Lagezeit als Anordnung von Ereignissen durch die Beziehung des Früheren zum Späteren oder Gleichzeitigen (d. h. im selben Augenblick Untergebrachten); in dieser Anordnung ist der absolute Augenblick nivelliert zu einem bloßen Glied der Serie, einem relativen Augenblick unter anderen. Diese Anordnung von Ereignissen (oder einzelnen Sachen anderer Art) durch die Beziehung des Früheren zum Späteren oder Gleichzeitigen bezeichne ich als *reine Lagezeit;* sie dient zur Vereinzelung durch Datierung ebenso wie die Verortung in räumlicher Hinsicht. Die Lagezeit bleibt aber nicht rein, sondern wird kontaminiert durch die Vermischung mit der Einteilung von Ereignissen (und sonstigen Sachen) in künftige (die noch nicht sind), gegenwärtige (die sind in der Weise, nicht mehr noch nicht und noch nicht nicht mehr zu sein) und vergangene (die nicht mehr sind). Diese Einteilung ist die Spur des Geschehens der primitiven Gegenwart in der Zeit. Dieses Geschehen, die plötzliche Ankunft des Neuen, hält im Übergang Gegenwart und Zukunft zusammen: Gegenwart, in die hinein das Neue, sie aus der Dauer abreißend, sich ereignet, und Zukunft, durch die das Neue neu ist, indem es das Künftige einlässt, das erst noch dabei ist, sich in Gegenwart zu ereignen. Unvermischt ist dagegen im Geschehen der primitiven Gegenwart die Vergangenheit mit der Gegenwart, denn sie ist das Schicksal der vom Einbruch des Neuen zerrissenen Dauer, die im Vorbeisein ins Nichtmehrsein entgleitet und durch diesen Abschied von der Gegenwart getrennt ist. Diese nach der einen Seite gemengte, nach der anderen getrennte Struktur wird bei Entfaltung der primitiven Gegenwart zur Welt geglättet als gleichmäßige Einteilung der Ereignisse in die drei Massen der zukünftigen, gegenwärtigen und vergangenen. Dadurch tritt neben die reine Lagezeit eine *Modalzeit,* d. h. eine Zeit, die durch modale Unterschiede von Sein, Nochnichtsein und Nichtmehrsein bestimmt ist. Diese Modalzeit verschmilzt mit der reinen Lagezeit zu einer *modalen Lagezeit*, indem das Gegenwärtige in einem der relativen Augenblicke der reinen Lagezeit untergebracht wird, von wo aus das Zukünftige später, das Vergangene früher ist. Dieser modalen Lagezeit ist der *Fluss der Zeit* aufgeprägt, der darin besteht, dass die Vergangenheit (verstanden als die Masse alles Vergangenen) ununterbrochen wächst, die Zukunft (die Masse alles Künftigen) ununterbrochen schrumpft (selbst wenn sie unendlich und unausschöpflich sein sollte) und die Gegenwart (im Sinne der Masse alles Gegenwärtigen) sich unaufhörlich verschiebt. Die modalen Merkmale des Nochnichtseins und Nichtmehrseins würden von sich aus Unterbrechungen beim Übergang ins Sein bzw. ins Nichtsein zulassen; dass dieser Übergang ununterbrochen ist, macht ihn zum Fluss.

Die Vermengung von Lagezeit mit Modalzeit zur modalen Lagezeit mit Fluss der Zeit ist mit so großen Schwierigkeiten und Aporien beladen, dass ich nach der Musterung der fünf Entfaltungsweisen in einer ausführlichen Anmerkung darauf zurückkommen werde.

3. Das *Sein* der primitiven Gegenwart entfaltet sich zum Glied eines auf alles ohne Unterschied beziehbaren Gegensatzes, indem es dem Nichtsein in dessen ganzer Breite gegenübertritt, während es als Moment der primitiven Gegenwart nur das Nichtmehrsein der zerrissenen Dauer sich gegenüber hat. Die Form der Einzelheit überschreitet die Schwelle vom Sein zum Nichtsein; dadurch wird es möglich, auch im Nichtseienden Einzelnes zu finden. Deswegen können Personen, die in entfalteter Gegenwart leben, planen, erwarten, sich erinnern, hoffen, fürchten, phantasieren, sich spielerisch mit etwas identifizieren. Die vorhin als wesentliche Auszeichnung des Menschen erwähnte Fähigkeit, Situationen durch probierendes Um-

knüpfen der Netze sie rekonstruierender Konstellationen strategisch planend zu überholen, beruht auf diesem Übertritt der Einzelheit ins Nichtseiende. Die Welt als das Feld der freien Einzelheit endet also nicht an der Grenze zum Nichtseienden.

Obwohl das Sein in entfalteter Gegenwart ein anderes Format hat als in primitiver Gegenwart, ist es von dieser keineswegs emanzipiert. Die Menschen wären ratlos, wie sie mit dem Unterschied von Sein und Nichtsein umgehen sollten, wenn sie für das Sein nicht auf die Zugänglichkeit der primitiven Gegenwart zurückgreifen könnten. Das ergibt sich daraus, dass sich das Sein nicht wie Farbe oder Klang an den einzelnen Gegenständen in der Welt als etwas, das zu ihnen gehört, ablesen lässt und auch nicht durch ein begriffliches Merkmal, die Angabe einer notwendigen und zureichenden Bedingung, eingeführt werden kann. Das ergibt sich aus den beiden Sätzen (A) und (B), die ich nun beweisen werde.

(A) Sein ist kein Attribut von etwas, d. h. nichts, das für die Identität einer Sache wesentlich ist, indem es darüber mitentscheidet, dass sie diese Sache und keine andere ist.

(B) Es gibt kein Kriterium des Seins, d. h. keine zirkelfrei angebbare notwendige und zureichende Bedingung dafür, dass etwas ist.

Beweis von (A): Jeder Sache kommen ihre Attribute notwendig zu, denn sie ist notwendig identisch mit sich, diese und keine andere. Keine Sache kann durch andere Attribute bestimmt sein als durch die, die in der Tat die ihrigen sind; das gilt allerdings nicht unbeschränkt im Bereich der subjektiven Tatsachen[13], doch genügt es, (A) für objektive Tatsachen zu beweisen. Wenn Existenz Attribut einer Sache wäre, müsste diese also existieren. Leicht lässt sich aber

[13] Zu dieser Ausnahme: Logische Untersuchungen S. 90 f.

zeigen, dass nichts mit Notwendigkeit existiert. Dann wäre nämlich unmöglich, dass gar nichts existiert. Das könnte nur unmöglich sein, wenn damit ein Widerspruch verbunden wäre. Dieser müsste sich daran zeigen, dass es nicht widerspruchsfrei möglich wäre, alles in Gedanken mit Nichtsein zu belegen. Ein Widerspruch könnte dabei nur eintreten, wenn etwas doppelt, mit Sein und mit Nichtsein, belegt würde. Das ist aber nicht der Fall, wenn alles mit Nichtsein und nur mit Nichtsein belegt wird. Diese Belegung ist also widerspruchsfrei. Dann ist es aber möglich, dass nichts existiert. Dann kann Sein kein Attribut sein. Daraus folgt, dass auch kein Existenz-Inductivum ein Attribut sein kann. Existenz-Inductiva sind Bestimmungen, für die im Fall, dass sie Attribute einer Sache wären, notwendig wäre, dass eine Sache (diese oder eine andere) existiert (einschließlich vergangener und zukünftiger Existenz). Existenz-Inductiva sind außer dem Sein selbst Vergangenheit, Gegenwart, Zukunft, Wahrheit von Existenzsätzen, Tatsächlichkeit von Sachverhalten der Existenz, Erzeugerschaft. Aus (A) folgt, dass man an keinem einzelnen Gegenstand das Sein finden kann, denn finden kann man an ihm nur, was zu ihm gehört, d. h. für seine Identität als dieser ins Gewicht fällt.
Beweis von (B): (B) ergibt sich aus (A). Ein Kriterium des Seins wäre ein Merkmal, wodurch sich eine seiende Sache von jeder nichtseienden Sache unterschiede. Da aber Sein kein Attribut ist, hat jede seiende Sache mindestens ein nichtseiendes Gegenstück, das sich mit ihr in allen Attributen deckt, also in allem, was dazu gehört, dass sie diese und keine andere Sache ist. Dann kann es kein Merkmal der geforderten Art geben.[14] Ich werde gleich, bei Erörterung

[14] Ich habe Satz (B) seit 1964 mit einer Begründung vertreten, deren Unzulänglichkeit mir erst kürzlich auffiel, als ich einen wohlwollenden Zuhörer nur mühsam überzeugen konnte. Zwei Tage später fiel mir beim Aufwachen der

der Aporien der Zeit, ein anschauliches Beispiel für ein solches Gegenstück geben: eine vergangene Sache, verglichen mit ihr als gegenwärtiger.

Aus (A) und (B) ergibt sich, dass die Menschen mit Sein im Gegensatz zu Nichtsein nur durch die Engungskomponente des vitalen Antriebs, die ihnen die primitive Gegenwart zugänglich macht, vertraut sind. Andernfalls würden sie über den Unterschied hinweggleiten, wie es in Träumereien geschieht, oder, wenn man in der Beschäftigung mit reiner Mathematik aufgeht, wo für die Existenz einer Sache genügt, dass sie aus willkürlichen, aber widerspruchsfreien Annahmen folgt[15], also möglich ist. Aber nicht einmal an der primitiven Gegenwart als einzelner Sache kann man das Sein ablesen, denn sie ist keine einzelne Sache, sondern wird erst im Rückblick aus dem Leben in entfalteter Gegenwart dazu gemacht, mit ausgleichender Korrektur durch das Wissen, was an dieser Sicht unangemessen ist.

4. Das *Dieses* der primitiven Gegenwart, das absolut Identische, entfaltet sich durch die Ergänzung der absoluten Identität zur relativen Identität von etwas mit etwas, d. h. dadurch, dass jeweils viele Gattungen, Bestimmungen, Hinsichten zur Verfügung stehen, unter denen etwas als Fall von etwas aufgefasst werden kann, so dass es als Fall von diesem mit sich als Fall von jenem identisch ist. Dadurch gewinnt das Leben in entfalteter Gegenwart eine Wendigkeit, die der strategischen Kompetenz des Menschen, über Situationen rekonstruierend geworfene Netze von Konstellationen umzuknüpfen, zugute kommt.

hier mitgeteilte Beweis ein; nach einer Viertelstunde hatte ich ihn mir zurechtgelegt.

[15] Hilbert an Frege, 29. 12. 1899: »Wenn sich die willkürlich gesetzten Axiome nicht einander widersprechen, mit sämtlichen Folgen, so sind sie wahr, so existieren die durch die Axiome gesetzten Dinge.« (Gottlob Freges wissenschaftlicher Briefwechsel, Hamburg 1976, S. 66)

5. Das *Ich* der primitiven Gegenwart, der sich in die Tatsachen des affektiven Betroffenseins verstrickende Bewussthaber, für den sie subjektiv sind, der vom plötzlichen Einbruch des Neuen erschüttert und herausgefordert wird, entfaltet sich, indem er seine absolute Identität durch Selbstzuschreibung als Fall von Bestimmungen zur Einzelheit ergänzt, und wird zum einzelnen Subjekt, um das sich durch den Gegensatz zum Fremden eine Sphäre des Eigenen bildet. Das Fremde entsteht auf dem Weg über die Neutralisierung von Bedeutungen, die Abschälung der Subjektivität von Sachverhalten, Programmen und Problemen. Das Nähere werde ich in der sechsten Stunde erörtern.

Jetzt will ich auf den zweiten Punkt zurückkommen, die Entfaltung des Jetzt der primitiven Gegenwart und die damit verbundenen besonderen Schwierigkeiten. Von den vier anderen Entfaltungsrichtungen darf man sagen, dass der Prozess glatt und bruchlos gelungen ist. Die primitive Gegenwart kann dann in Unscheinbarkeit zurücktreten, bis sie einmal in plötzlichem Betroffensein wieder hervortritt. Im Ortsraum kann man sich orientieren, wo etwas ist, wohin es sich bewegt usw., ohne nach dem absoluten Ort der primitiven Gegenwart zu fragen. Mit dem Sein kann man geläufig umgehen, planend das Nichtseiende gegen das Seiende und umgekehrt ausspielen, ohne nach der Quelle des Kennens von Sein zu fragen und an sie zurückzudenken. Es ist üblich, das Einzelne mit seiner relativen Identität als selbstverständlich hinzunehmen, ohne daran zu denken, dass es zusammenbräche, wenn nicht die primitive Gegenwart absolute Identität in Dauer und Weite einschlagen ließe. Auf der subjektiven Seite der Entfaltung benimmt sich das personale Subjekt so selbstsicher, dass es seine Angebundenheit als Selbstzuschreiber an primitive Gegenwart vergisst und verleugnet; niemand vor mir hat sich für leibliche Dynamik interessiert. Nach diesen vier Richtungen gelingt die Entfaltung der primitiven Gegenwart so gut, dass man diese vergessen kann. Nur die zeitliche Entfaltung ist verunglückt und sozusagen auf halber Strecke liegen geblieben. Dem Ortsraum entspräche die Lagezeit, aber diese wird durch die Belastung mit der Modalzeit mit Fluss der Zeit an der glatten Überdeckung (gar Verdeckung) der primitiven Gegenwart gehindert. Dadurch ergeben sich die tragischen Züge, mit denen der Fluss der Zeit dem Leben Gebrochenheit und Labilität einträgt: die Ungewissheit des Künftigen, der flüchtige Wechsel der Gegenwart, die Grausamkeit des Abschieds von dem, was nicht mehr ist. Störender für das Denken sind die Widersprüche, die dem Fluss der Zeit den Geruch des Unmöglichen geben.

Widersprüche hat man der Zeit längst nachgesagt, wenn auch ohne stichhaltige Begründung. Augustinus malt mit dramatischer Rhetorik das Argument der Skeptiker aus, es könne keine Zeit geben, da in der Zeit allein die Gegenwart das Wirkliche, aber ein dauerloser Punkt sei. Die Skeptiker tun so, als stünde ein einziger gegenwärtiger Augenblick zwischen nichtseiender Zukunft und nichtseiender Vergangenheit. Sobald man aber berücksichtigt, dass die Gegenwart immerzu wechselt und eine jeweils andere Masse des Gegenwärtigen den Augenblick füllt, erweist sich dieser Wechsel selbst als das Dauernde, gegen das das Argument nichts ausrichtet. Es verleugnet die Dynamik des Flusses der Zeit für eine statische Abstraktion. Berühmt wurde im 20. Jahrhundert der Einwand von McTaggart, der die Wirklichkeit der Zeit wegen des vermeintlichen Widerspruchs bestritt, dass jedes Ereignis in der Zeit vergangen, gegenwärtig und zukünftig sei, obwohl diese drei Prädikate sich ausschlössen. Mit diesem Einwand verwechselte er »und« mit »oder«.[16] Es gibt aber Widersprüche, die den Fluss der Zeit ernstlicher in Frage stellen.

Sicherlich ist Caesar ermordet worden. In der Geschichte

[16] Vgl. Hermann Schmitz, Der unerschöpfliche Gegenstand. Grundzüge der Philosophie, Bonn 1990, 2. Auflage 1995, S. 251–254

ist aber alles unsicher; es könnte z. B. der Fall sein, dass er kurz vor den Dolchstichen unbemerkt einem Herzschlag erlegen wäre, auch könnten die Quellen trügen. Es ist also sinnvoll, hypothetisch Caesars wirkliche Ermordung von seiner irrig angenommenen Ermordung zu unterscheiden, obwohl kein vernünftiger Grund zum Zweifel an seiner Ermordung vorliegt. Beide Ereignisse, das wirkliche und das irrig angenommene, decken sich in allen Attributen. Caesars wirkliche Ermordung ist vergangen. Seine wirkliche Ermordung ist also identisch mit seiner vergangenen Ermordung, jedoch ist seine wirkliche Ermordung wirklich, seine vergangene Ermordung aber nicht, weil nicht mehr, wirklich. Das Leibniz-Prinzip, wonach identische Gegenstände in allen Bestimmungen übereinstimmen, bricht an diesem Beispiel zusammen. Es gilt nur für Attribute, nicht für Existenz-Inductiva, und Vergangenheit ist ein Existenz-Inductivum. (Ich gebrauche die Ausdrücke »Sein«, »Wirklichsein« und »Existenz« als Synonyme.) Dieses Paradox lässt sich in verschiedenen Fassungen darbieten. Wir erinnern uns an das, was gewesen ist. Dazu gehört seine Gegenwart. Insbesondere für alles praktische Tun, z. B. die Ermordung Caesars, ist die Einwirkung auf Gegenwärtiges unerlässlich, während das theoretische Betrachten ebenso dem Vergangenen, dem Zukünftigen oder dem Zeitlosen (etwa mathematischer Verhältnisse) zugewandt sein kann. Ein Ereignis, das vorbei ist, ist aber nicht mehr gegenwärtig und ist überhaupt nicht mehr. Gleiches gilt für ein vergangenes Zeitalter. Wir können uns also an nichts dergleichen erinnern, denn wenn wir es in seiner Gegenwart aufnehmen, verleugnen wir die Vergangenheit, und wenn wir die Vergangenheit annehmen, setzen wir uns in Gegensatz zur Gegenwart als unentbehrlichem Zubehör dessen, woran wir uns erinnern. (Kaum brauche ich zu sagen, dass man gegen die Schwierigkeit nichts ausrichtet, wenn man die Wirklichkeit zeitlich relativiert, indem man etwa sagt, Caesars Ermordung sei 44 v. Chr. wirklich gewesen, 2008 n. Chr. aber nicht mehr wirklich, denn die

Wirklichkeit zu einer Zeit hat nichts mit Wirklichkeit, sondern nur mit Datierung in der Lagezeit zu tun, wie sich daran zeigt, dass auch die betreffende Zeit, z. B. das Zeitalter Caesars, und mit ihr die Wirklichkeit zu dieser Zeit nicht mehr wirklich ist.) Wieder eine andere Fassung besagt, dass sich nichts durch sein Vergehen ändert, da genau dasselbe, das vergangen ist, gegenwärtig war, obwohl etwas durch sein Vergehen die Gegenwart abstreift und die Vergangenheit annimmt. Schließlich kann man den Widerspruch so ausdrücken, dass vergangene Gegenwart unmöglich ist, weil Vergangenheit und Gegenwart, Nichtmehrsein und Sein, sich ausschließen, andererseits aber Vergangenes ohne vergangene Gegenwart nicht möglich ist. Was ich hier für Vergangenheit und Erinnerung ausgeführt habe, gilt entsprechend ebenso für Zukunft und Erwartung.

Eine andere Paradoxie betrifft direkt den Fluss der Zeit, dass die Masse alles Vergangenen ununterbrochen wächst, die Masse alles Zukünftigen ununterbrochen schrumpft und die Masse alles Gegenwärtigen ununterbrochen wechselt, indem die wechselnd besetzte Gegenwart sich gleichsam an der Spitze des Vergangenen in die Zukunft hineinfrisst. Das ist ein Prozess. Jeder Prozess hat einen Stand, den er, solange er läuft, jeweils erreicht. Was ist der Stand des Flusses der Zeit? Wann kommt die Gegenwart an? Die Antwort ist auf zwei Weisen möglich. Man kann sagen, dass die Gegenwart z. B. den 1. Januar 2000 am 1. Januar 2000 erreicht, und entsprechend für alle anderen Daten, aber das ist eine nichtssagende Tautologie, die nur ausdrückt, dass die Gegenwart jeweils in dem Augenblick der Lagezeit stattfindet, in dem sie stattfindet. Die andere Ankunft ist belangvoller: Die wechselnde Gegenwart kommt jetzt an, in der Gegenwart. Dann kann sie aber nicht mit dieser identisch sein, denn das wäre kein Prozess, bei sich selbst anzukommen. Andererseits kann die wechselnde Gegenwart aber auch von der, bei der sie ankommt, nicht verschieden sein, denn dann wäre sie nicht jetzt, nicht Gegenwart.

Der nächstliegende Ausweg aus diesen Verlegenheiten

könnte sein, der modalen Lagezeit das Sein zu bestreiten, sie als Illusion abzutun. Dieser Weg ist oft beschritten worden – in unserer Zeit besonders von Physikern im Gefolge der Allgemeinen Relativitätstheorie –, aber das Opfer wäre zu groß. Ohne modale Lagezeit gibt es kein Lernen, denn Lernen besteht darin, etwas zu erfahren, das man noch nicht wusste, so dass der Wissensstand dann nicht mehr der frühere, nun vergangene ist. Ohne Bereitschaft zum Lernen ist aber kein Wissenschaftler möglich, denn er muss mindestens bereit sein, aus der Prüfung durch sich oder Andere zu lernen, ob seine Aufstellungen der Kritik standhalten; sonst ist er kein Wissenschaftler, sondern ein Dogmatiker mit Anspruch auf unbedingte Richtigkeit dessen, was er für richtig hält. Ganz besonders die Naturwissenschaft ist abhängig von der modalen Lagezeit, denn sie bestätigt ihre Theorien durch das Experiment, und das Experiment ist nur dadurch möglich, dass man bei seiner Einleitung noch nicht weiß, ob sich die theoretische Vorhersage bestätigen wird. Aber nicht nur das wissenschaftliche Denken, sondern menschliches Denken überhaupt bedarf der modalen Lagezeit. Die Zeit, die ihm nach Abzug der modalen Züge und des Flusses bliebe, wäre eine reine Lagezeit. In dieser gibt es statt gerichteter Beziehungen von etwas zu etwas nur komplexe Verhältnisse, die sich gleich gut von zwei Seiten ablesen lassen, vom Früheren zum Späteren und vom Späteren zum Früheren hin. Wenn die Gleichzeitigkeit hinzugenommen wird, steigt die Zweiseitigkeit zu einer unabsehbar komplexen Vielseitigkeit. Das Auffassen komplexer Verhältnisse ohne Aufspaltung in Beziehungen wäre die Leistung eines intuitiven Verstandes, wie Kant ihn Gott zuschrieb; der Mensch kann nur diskursiv denken, indem er gerichtete Beziehungen von etwas zu etwas in das Verhältnis hineinträgt. Das ist leichter gesagt als getan. Eine Richtung kann man nur finden, indem man sich vom Ausgangsort auf den Weg zum Ziel macht, sei es körperlich oder in Gedanken; um den Weg zu finden, muss aber schon eine Richtung gegeben sein. Sonst steht man ratlos vor einer Wahl, zu der das komplexe Verhältnis keine Gelegenheit bietet. Diese Ratlosigkeit kann nur aufgebrochen werden, wenn eine Richtung durch eine Führung ohne eigenes Zutun vorgegeben wird. Dafür steht dem Denken angesichts komplexer Verhältnisse nichts zur Verfügung als der Fluss der Zeit, in Gestalt der wenn auch nur kurzen Zeit, die verfließt, wenn der Denkende sich von einem Beziehungsglied zu einem zweiten führen lässt. Übrigens würde jeder gerichtete Prozess denselben Dienst tun, aber Prozesse sind nur möglich im Fluss der Zeit; ohne diesen bleiben nur komplexe Verhältnisse, allenfalls monotone Funktionen nach Art der mathematischen Potenz, bei denen größeren Werten der unabhängigen Variablen stets größere Werte der abhängigen entsprechen.

Man wird sich also mit der modalen Lagezeit abfinden müssen. Das kann aber nicht dadurch geschehen, dass man den Widerspruch stehen lässt; denn ein widerspruchsvoller Satz – ein Satz, der einen Widerspruch zur logischen Folge hat[17] – nimmt alles zurück, was er aufstellt, und behauptet im Ergebnis nichts. Der rettende Ausweg aus dem unabweisbaren Widerspruch bei Beschreibung einer unbestreitbaren Gegebenheit besteht darin, den Widerspruch aus der Beschreibung auf eine Zwiespältigkeit in der Sachlage abzuwälzen und für diese eine widerspruchsfreie Beschreibung zu finden. Um zu veranschaulichen, was ich unter Zwiespalt verstehe, greife ich gern auf eine Begebenheit zurück, die dem Studenten Edmund Husserl widerfuhr und ihn offenbar, weil er in verschiedenen Lebensaltern darauf zurückkommt, nicht losgelassen hat. Im Wachsfigurenkabinett sah er mindestens für Sekundenbruchteile einen Zwitter von Dame und Puppe. Zwei unverträgliche Erscheinungen konkurrierten um Identität mit einer dritten. Nach kurzer Zeit löste sich der Zwiespalt auf; Husserl merkte, dass es sich um eine Puppe handelt. Solche verwirrenden Über-

[17] Zum Begriff der logischen Folge vgl. Logische Untersuchungen S. 98

schneidungen – ich spreche von der Husserl'schen Puppe – werden auch von anderen Zeugen berichtet. In unserer Erfahrung handelt es sich dann um kurzfristige Illusionen; man kann sich aber eine mögliche Welt vorstellen, die durchzogen wäre von lauter Rätseln solcher Art, die sich prinzipiell nicht lösen lassen, weil die Rätselhaftigkeit die Natur der Sache ist, eine Zwiespältigkeit, die auch zur n-spältigkeit für $n > 2$ erweitert sein könnte. Die Attribute, alle oder einige, aller Sachen wären prinzipiell unentscheidbare Alternativen (um beim einfachsten Fall $n = 2$ zu bleiben), die sich wie in Husserls Erlebnis verdrängen, indem sie um Identität konkurrieren. Diesen Konflikt kann man nicht mit »entweder – oder« auflösen, denn dann wäre die Entscheidung für eine Seite richtig, wie bei Husserl, als er die Illusion durchschaute. Vielmehr ist die Beschaffenheit einer solchen Sache ein Schwebezustand, in dem unverträgliche Bestimmungen sich durchkreuzen, aber kein Zustand bloßer Unbestimmtheit, sondern ein mit Bestimmungen, von denen keine sich durchsetzen kann, überladener Zustand.

Ich habe dieses Gedankenexperiment vorgeführt, um einen Ausweg aus der Einräumung eines Widerspruchs bei der richtigen Beschreibung einer Sachlage, hier bezüglich der Zeit, zu weisen. Der Widerspruch wird auf die beschriebene Sache als Verwirrung, die ihr Wesen ist, abgewälzt. Solche Verwirrung ist widerspruchsfrei. Wenn nämlich ein echter Widerspruch, ein Satz der Form »A und nicht A« (für beliebige Sätze A), vorliegt, folgt aus dem Satz vom ausgeschlossenen Dritten, dass eine der beiden Seiten wahr ist; bei der Beschreibung eines Zwiespaltes der angegebenen Art folgt das nicht, weil beide Seiten der Alternative um Identität konkurrieren, wobei aber keine den Triumph der Tatsächlichkeit oder Wahrheit feiern kann. Es fragt sich nur, wie sich eine solche zwiespältige, aber widerspruchsfreie Sachlage beschreiben lässt. Mit einfacher Unentschiedenheit ist es nicht getan, denn die könnte bloße Unbestimmtheit sein, wie bei einer durchdösten

Frist, wenn keine Phase des Gleitens sich als diese oder jene, schon gar nicht als einzelne, herausschält, weil es an der dazu erforderlichen bestimmten Gliederung fehlt. Man kann nun die Unentschiedenheit iterieren zur Unentschiedenheit, ob unentschieden ist, ob es sich so oder so verhält (z. B., ob eine Dame oder eine Puppe vorliegt). Damit hat man die einfache Unentschiedenheit ausgeschlossen, denn, wenn diese vorläge, brauchte man nicht zur zweifachen aufzusteigen, erst recht aber die zwiespaltlose Entschiedenheit, dass es sich entweder um eine Dame oder um eine Puppe handelt; dann wäre in dieser Hinsicht sachlich gar nichts unentschieden. So viel Ausgeschlossenheit genügt aber nicht, denn durch sie wäre der Spielraum der offenen Unbestimmtheit erweitert, während er durch die Konkurrenz im Wirrwarr vielmehr verengt ist. Der Fortgang zu höheren Stufen endlichfacher Unentschiedenheit hilft nicht weiter. Er wird der Konkurrenz um Identität, dem vom Wirrwarr vereitelten Zusammenfall ohne Möglichkeit des Auseinandertretens, nicht gerecht. Eine befriedigende Beschreibung ergibt sich erst, wenn zu unendlichfacher Unentschiedenheit übergegangen wird. Da vom Unendlichen nicht subtrahiert werden kann, lässt unendlichfache Unentschiedenheit alles offen, was zwiespaltlose Entschiedenheit, einfache Unentschiedenheit, Unentschiedenheit, ob unentschieden ist, weiter, ob unentschieden ist, ob unentschieden ist, ob unentschieden ist, usw. ad infinitum, angeht. Immer ist hier Unentschiedenheit als Beschaffenheit des Gegenstandes, nicht des Urteils gemeint. Wenn das alles offen bleibt, ist weder über Entschiedenheit (d. h. Abwesenheit von Zwiespalt) noch über eine darauf durch aufsteigende Schritte bezogene Unentschiedenheit etwas festgelegt, und für die Konkurrenz der unverträglichen Seiten des Zwiespaltes bleibt ein unbeschränkter Spielraum, der nicht eingeengt werden kann, aber nicht, weil ihr Verhältnis zu locker wäre, sondern weil es in der Konkurrenz zu eng ist, um noch von Unentschiedenheit (irgend einer endlichen Stufe) im Gegensatz zu Entschiedenheit sprechen zu lassen. Unendlichfache Unentschiedenheit ist unendlich schwache Unentschiedenheit, weil mit jedem Schritt zu einer höheren Stufe der Unentschiedenheit diese unentschiedener, also, gemessen an der Entschiedenheit, schwächer wird. In der Grauzone der Konkurrenz versagt jede Skala zur Einstellung des Grades der Unentschiedenheit, und zur Beschreibung dieser verworrenen Sachlage hilft nur der Übergang zu unendlichfacher Unentschiedenheit.

Mit meiner Logik der iterierten Unentschiedenheit[18] habe ich ein Verfahren entwickelt, das es gestattet, Widersprüche in Zwiespälte einer an sich selbst verworrenen Sachlage umzudeuten und als solche widerspruchsfrei zu beschreiben. Angewendet auf die am Fluss der Zeit abgelesenen Widersprüche besagt die Anwendung dieses Verfahrens, dass es unendlich schwach unentschieden ist, ob Caesars wirkliche Ermordung ist oder nicht ist, ob wir uns an sie erinnern können, ob Gegenwart vergangen sein kann, ob die wechselnde Gegenwart identisch ist mit der Gegenwart, die jetzt ist. Zu dieser letzten Frage drängt sich mir eine Reflexion Schopenhauers auf, die den Zwiespalt zwischen der wechselnden Gegenwart, die jetzt ankommt, und der Gegenwart, bei der sie jetzt ankommt, ahnungsvoll beleuchtet: »Bisweilen drängt sich mir ein Verwundern über die Gegenwart auf und die Frage: warum ist dieses Jetzt denn gerade jetzt?«[19] Durch ein Unglück bei der Entfaltung der primitiven Gegenwart auf der zeitlichen Seite des absoluten Augenblicks zur Lagezeit ist die Entfaltung bei der modalen Lagezeit in einem zwiespältigen Wirrwarr stecken geblieben, der die widerspruchsfreie Beschreibung unmöglich macht, solange man nicht den Zwiespalt als die wirkliche Natur der Sache gelten lässt. Von gleicher Art ist die Schwierigkeit bei den logischen Antinomien (z. B. der Mengenlehre, des

[18] Logische Untersuchungen S. 125–133

[19] Arthur Schopenhauer: Von ihm. Über ihn. Briefe und Nachlassstücke, hg. v. Julius Frauenstädt, Berlin 1863, S. 731

Lügners), die ich in den leichteren Fällen mit einfacher Unentschiedenheit, in schwierigeren Fällen mit unendlichfacher Unentschiedenheit entschärft habe, so dass die von Cantor erfundene naive Mengenlehre in vollem Umfang, ohne Einschränkung durch die zur Abwehr der Widersprüche errichtete Schutzwehr der Axiomensysteme, wieder aufgenommen werden kann.[20]

[20] Logische Untersuchungen S. 115–124 und 134–143

Fünfte Stunde: Stufen der Räumlichkeit: Flächenhaltige und flächenlose Räume; die Räumlichkeit des Leibes und der Gefühle; Gefühle als Halbdinge; das Fühlen der Gefühle; Recht, Moral und Religion; die Fläche als Entfremdung des Raumes vom Leib

Gleichzeitig mit der psychologistisch-reduktionistisch-introjektionistischen Vergegenständlichung (II) entwickelt sich die griechische Geometrie, die den Raum primär als Fläche, in der sie mit Zirkel und Lineal konstruiert, zum Thema macht. Damit legt sie den Grundstein zu der bis heute üblichen Raumvorstellung, der Vorstellung eines dreidimensionalen Raumes, in dem es außer Flächen Punkte, Linien (Strecken) und dreidimensionale Körper gibt. Alle diese Figuren werden an Flächen gefunden und nur von der Fläche her zugänglich: die Linie als Kante bei Berührung von Flächen oder durch Einzeichnung in Flächen, der Punkt bei Brechung oder Zusammentreffen von Linien, der dreidimensionale Körper, indem berandende Flächen an einander gesetzt werden und der umfasste Raum durch Schnittflächen geteilt wird. Das gilt aber nur für den Körper als dreidimensionales Gebilde; die eigentliche Körperlichkeit, die Voluminosität, wird anders (unabhängig vom Dimensionsgrad) erfahren, wie sich gleich zeigen wird. Die Dreidimensionalität kann an gesehenen und getasteten Körpern nur mit Hilfe von Punkten und Strecken bestimmt werden[21], üblicherweise durch Kreuzung dreier gerader Strecken in einem Punkt. Während Punkte, Linien und Dreidimensionalien von der Fläche her zugänglich werden,

[21] Das gilt auch für die Anwendbarkeit des abstrakten topologischen Dimensionsbegriffes (von Menger) auf anschauliche Körper, vgl. Hermann Schmitz, System der Philosophie Band III Teil 1, Bonn 1967, in Studienausgabe 2005, S. 373–391

sind Flächen unmittelbar präsent. Zwar werden sie meist als Oberflächen an Körpern gefunden, aber das ist Zufall. Sonne und Mond sind optisch als (wenn auch nicht glatte) Flächen gegeben wie der Regenbogen, und der modernen Technik wird es nicht schwer fallen, glatte Lichtflecken als Flächen ohne Hintergrund in Körpern darzustellen. Die übliche Raumvorstellung geht also von der Fläche aus.

In der Fläche gibt es Stellen (z. B. Punkte), die durch umkehrbare Bahnen (z. B. Strecken) verbunden werden können. An diesen Bahnen kann man Lagen und (umkehrbare) Abstände ablesen und darüber ein System von Orten konstruieren, die sich gegenseitig durch die Lagen und Abstände an ihnen befindlicher Objekte bestimmen, d. h. identifizierbar machen. Der Raum wird verstanden als ein beliebig verdichtbares Netz solcher Orte nach dem Muster eines Koordinatensystems. Es stellt sich heraus, dass er genau dreidimensional ist, d. h. keine höherdimensionalen Gebilde als Punkte, Strecken, Flächen und Körper fasst. Bewegung wird als Wechsel des Ortes bestimmt, Ruhe als Beharren am Ort. Von der Geometrie übernehmen die Naturwissenschaft und der Alltagsverstand diese Raumvorstellung.

Sie ist aber logisch fehlerhaft, weil sie auf einem Definitionszirkel beruht. Die Orte, die durch Lagen und Abstände bestimmt sind, müssen durch Lagen und Abstände zu ruhenden Objekten bestimmt sein. Wenn diese sich nämlich bewegten, würden sich die Lagen und Abstände zu ihnen verändern. Der Ort wäre also ein anderer geworden, und die an ihm befindlichen Objekte hätten den Ort gewechselt, auch wenn sie in Ruhe geblieben wären. Da Ruhe als Beharren am Ort bestimmt wird, wären sie also in Ruhe und nicht in Ruhe gewesen. Sie hätten den Ort gewechselt, sich definitionsgemäß also bewegt, ohne sich zu bewegen. Um diese Widersprüche zu vermeiden, müssen ruhende Bezugsobjekte für die Eichung von Orten durch Lagen und Abstände zu ihnen gewählt werden. Der Ort setzt also Ruhe voraus, Ruhe aber den Ort, wenn sie als Beharren am Ort verstanden wird. Das ist ein Definitionszirkel, der die im vorigen Block skizzierte Raumvorstellung entwertet. Man kann ihn durch Definition des zu Grunde liegenden Ortsbegriffs – eine Aufgabe, die bisher merkwürdig vernachlässigt wurde – noch schärfer herausarbeiten. Ein Ort der angegebenen Art ist ein relativer, durch Beziehungen zu Bezugsobjekten bestimmter Ort. Ich spreche von *relativen Orten.* Ein System relativer Orte, die sich gegenseitig durch Lagen und Abstände bestimmen, bezeichne ich als einen *Ortsraum.* F sei die Frist, während deren ein Ortsraum besteht. Wenn es sich um einen absoluten Universalraum im Sinne von Newton und Euler handelt, ist F die Dauer des Universums; wenn der Ortsraum relativ auf ein Koordinatensystem nach Galilei oder Einstein ist, handelt es sich um die Frist, für die das Koordinatensystem festgehalten wird. Ein Objekt ist während einer Frist an einem Ort. Das wäre eine dreistellige Beziehung. Da es bequemer ist, das Amortsein als zweistellige Beziehung zu behandeln, drücke ich mich so aus, dass das geordnete Paar (g; f), bestehend aus einem Gegenstand als erstem und einer Frist als zweitem Glied, an dem Ort ist. Ich sage, dass das geordnete Paar eine Lage und einen Abstand zu einem Objekt hat, wenn sein erstes Glied sie hat. Der relative Ort des Paares (g; f), wobei f eine Teilfrist von F (eventuell F selbst) ist, kann dann bestimmt werden als die Menge aller derjenigen geordneten Paare mit einem Gegenstand als erstem und einer Teilfrist von F (die gleich F sein kann) als zweitem Glied, die zu allen während der ganzen Frist F ruhenden Objekten gleiche Lage- und Abstandsbeziehungen haben wie (g; f), d.h. wie g während f. Da dies eine Äquivalenzrelation im mathematischen Sinn ist, wird durch sie dafür gesorgt, dass sich kein Objekt gleichzeitig an mehr als einem Ort befindet.[22] Von zwei Orten sage ich, dass sie sich in einer Lage und einem Abstand zu

[22] Zu Äquivalenzrelationen vgl. Hermann Schmitz, System der Philosophie Band III Teil 1, Bonn 1967, in Studienausgabe 2005, S. 490–496.

einander befinden, wenn dies für erste Glieder an ihnen befindlicher geordneter Paare gilt. Dann gilt für alle Orte des betreffenden Ortsraumes, dass sie sich durch die Lagen und Abstände an ihnen befindlicher Objekte gegenseitig bestimmen.

Die übliche Raumvorstellung ist also logisch fehlerhaft. Was ist schiefgelaufen? Offenbar muss, was Ruhe ist, bei zirkelfreier Einführung einer Raumstruktur von der Fläche aus als schon bekannt vorausgesetzt werden und lässt sich nicht erst danach als Beharren am Ort einführen. Daran zeigt sich, wie irreführend die ausschließliche Orientierung der Raumvorstellung an flächehaltigen Räumen war. Unter diesen, gemessen an der Komplikation der Struktur, gibt es nämlich die flächenlosen Räume und in diesen eine Ruhe, die nicht von Orten abhängt. Flächenlos ist z. B. der Raum des Schalls, in dem sonore und dumpfe Klänge weit ausladen, schrille Pfiffe sich scharf und schmal zusammenziehen, Bewegungssuggestionen wie der Rhythmus und andere Schallgebärden (Aufstrahlen der Trompete u. a.) Bewegungen vorzeichnen, die mehr oder weniger auf den hörenden Leib überspringen, Höhe und Tiefe der Töne sich ebenso ereignen wie eine Entfernung ohne umkehrbaren Abstand, da man spontan zwar hört, ob ein Schall weiter weg ist als ein anderer, aber nicht wie beim Sehen unmittelbar mit bemerkt, wie weit man selbst weg von ihm ist. Flächenlos ist ebenso der Raum der feierlichen oder drückenden Stille; jene ist weiter, diese schwerer, aber beide sind dichter als die gleichfalls weite zarte Morgenstille. Flächenlos ist auch der Raum des Windes, von dem man getroffen wird, mit einer Bewegung, die frei von Ortswechsel ist, es sei denn, man deutet den erlebten Wind, ein Halbding, in bewegte Luft, ein Vollding, um. Flächenlos ist das unauffällige Rückfeld, das man bei vorwärts gerichteter Tätigkeit durch Zurücklehnen, Dehnen, Biegen unaufhörlich in Anspruch nimmt. Flächenlos ist der Raum des Wetters, den man z. B. erfährt, wenn man aus dumpfer, überfüllter Stube mit befreiendem Aufatmen ins Freie tritt, in eine Atmosphäre, in der sich der spürende Leib reicher als zuvor entfalten kann. Er vollbringt es mit frei sich entfaltender Gebärde, und deren Raum ist ebenfalls flächenlos. Flächenlos ist auch der Raum der spürbaren leiblichen Regungen, z. B. des benommenen Kopfes, des Ein- und Ausatmens, der Frische und Müdigkeit. Schließlich ist flächenlos der Raum des Wassers, wie es dem Schwimmer und Taucher begegnet, sofern er sich nicht optisch orientiert und auch nicht Vorstellungsbilder des eigenen Körpers oder anderer, etwa berandender, Festkörper in das Begegnende projiziert. Im Wasser gibt es keine Flächen, Punkte, Linien, daher auch keine dreidimensionalen Körper, wohl aber erlebtes Volumen, das dem Schwimmer mehr oder weniger Widerstand leistet, gegen den er sich durchkämpfen muss, wenn es ihn nicht sanft trägt. Wasser hat Volumen, das aber nicht dreidimensional ist, sondern dynamisch aus Spannung und Schwellung, die, wenn es sich als sanft tragendes Element darstellt, von privativer Weitung durchsetzt sind. Es ist ein Volumen derselben Art wie das beim Einatmen gespürte, mit einer dem Ausatmen vergleichbaren Chance des Ausgleitens in privative Weitung. Die Übereinstimmung beruht auf dem gemeinsamen vitalen Antrieb antagonistischer Einleibung. Dieses dynamische, nicht dreidimensionale Volumen ist die spontan erfahrene Körperlichkeit, die dem Festen wie dem Flüssigen, aber auch dem Schall und dem spürbaren Leib (z. B. in gespürter Schwere der müden Glieder) eigene Massivität, die zu den geometrischen Eigenschaften dreidimensionaler Gebilde hinzukommen muss, damit sie als vollständige Körper imponieren.

In flächenlosen Räumen gibt es mangels Flächen keine Punkte, Strecken und dreidimensionalen Gebilde, auch keine umkehrbaren Verbindungsbahnen, an denen Lagen und Abstände abgelesen werden könnten, wohl aber dynamisches Volumen mit Bewegungssuggestionen und Richtungen, die nicht umkehrbar sind, sich aber auf den absoluten Ort des spürbaren Leibes beziehen, indem sie von ihm ausgehen oder ihn treffen, wie z. B. die Richtungen von Blicken. Als *absoluten Ort* bezeichne ich einen Leibesort, sofern er nicht wie der eben definierte relative Ort in einem Ortsraum durch gegenseitige Bestimmung mit Hilfe von Lagen und Abständen identifizierbar wird, sondern an sich selbst eindeutig als hier im Umfeld bestimmt ist. Ein Beispiel dafür gibt das in der dritten Stunde besprochene geschickte Ausweichen vor einer in drohender Näherung gesehenen wuchtigen Masse trotz fehlender Information über Lage und Abstand. Dann wird der eigene Leib, dessen Lokal sich mit dem des eigenen Körpers im Wesentlichen deckt, an einem absoluten Ort gefunden und durch ein System unumkehrbarer Richtungen, teils ausstrahlender des Blickes, teils zudringender der Bewegungssuggestion des drohenden Objektes, zu diesem in Beziehung gesetzt. Bewegung gibt es in flächenlosen Räumen allemal, aber auch Ruhe z. B. in feierlicher Stille und im als sanft tragend gespürten Wasser, und das ist die Ruhe, die schon bekannt sein muss, um sagen zu können, was ein relativer Ort und Ruhe als Beharren an ihm ist.

Flächenlos ist auch der Raum des eigenen Leibes, im Gegensatz zum Raum des eigenen Körpers, der durch das perzeptive Körperschema mit Lagen und Abständen repräsentiert wird. Keinen leiblichen Regungen sind Flächen anzumerken, weder dem Schmerz noch dem Hunger oder der Wollust usw. noch dem leiblichen Ergriffensein von Gefühlen, also z. B. dem Frohsein oder dem Zornigsein. Daher ist der Leib randlos und nicht dreidimensional, unzerschneidbar durch Flächen und in diesem Sinn unteilbar ausgedehnt, wenn auch keineswegs ohne räumliche Gliederung. Leibliche Regungen nehmen teils ganzheitlich den Leib ein wie das mehr oder weniger muntere oder lahme und gedrückte und dann wandelbare Befinden gleich nach dem Aufstehen am Morgen, teils teilheitlich und dann auf Leibesinseln verteilt. Der spürbare Leib ist nämlich meist ein Gewoge verschwommener Inseln, wovon man sich überzeugen kann, wenn man von der Verdeckung durch das Zeugnis der fünf Sinne und des perzeptiven Körperschemas absieht. Eine solche Insel bildet sich regelmäßig im vitalen Antrieb beim Einatmen in der Brust- oder Bauchgegend, wobei anfangs die Schwellung führt und das Übergewicht sich allmählich zur Spannung verschiebt, bis deren Übermaß, ehe es unerträglich wird, durch Ausatmen in privative Weitung abgeführt wird. Andere ziemlich konstante Leibesinseln befinden sich in der Mund- und Analgegend sowie an den Fußsohlen. Im Übrigen kommen und gehen die Leibesinseln, werden aufdringlich, z. B. im Kopf-, Zahn- oder Bauchschmerz, und verschwinden wieder.

Auch einzelne Leibesinseln haben absolute Orte. Ich beleuchte das gern durch das Beispiel vom Insektenstich. Wenn ein Brennen oder Jucken unerwünschten Besuch zu verraten scheint, fährt die dominante Hand blitzschnell an die gereizte Stelle, um den Störenfried zu vertreiben oder zu zerquetschen. Sie braucht dafür nicht an einem relativen Ort mit Bestimmung von Lage und Abstand zu irgend welchen Körperteilen aufgesucht werden, und sie trifft schlagartig dort hin, wo sie gebraucht wird, obwohl die betreffende Stelle oft noch gar nicht im perzeptiven Körperschema ausgezeichnet ist. Beide Partner innerleiblicher Kommunikation, die Hand und die durch Reizung gebildete Leibesinsel, sind im motorischen Körperschema[2] über unumkehrbare Richtungen von einer nicht relativ-örtlich bestimmten Bezugsstelle aus an absoluten Orten erreichbar und können sich daher ohne Rücksicht auf Lagen und Abstände verbinden. Dieses Beispiel zeigt, wie stark der Zusammenhalt in der Einheit des Leibes trotz der Streuung der Leibesinseln ist. Diese Einheit wird aufrechterhalten durch die Engungskomponente des vitalen Antriebs, die also eine Doppelrolle hat: als Gegenspieler der Weitung (Spannung gegen Schwellung) und als Integrator (Zusammenhalter) der Leibesinseln zur Einheit des Leibes. Deswegen hängt der Grad der Entfaltung der Leibesinseln mit dem Gewicht der Engung im vitalen Antrieb zusammen. Wenn die Engung schwächer wird, lockert sich der Verband, und die Leibesinseln blühen reicher und lockerer auf, etwa beim Sonnenbad auf der Wiese oder am Strand, und in der Entspannung des autogenen Trainings; sowie sich aber privative Weitung mit starken Anteilen aus dem vitalen Antrieb löst und protopathische Tendenz den Leib überschwemmt, werden die Inseln eingeschmolzen und verschwinden mehr und mehr. Wenn dagegen die Spannung stark ansteigt, schrumpfen die Leibesinseln und verschwinden gleichfalls, nun aber durch Engung, nicht durch Weitung. Der Leib kann sich dann wie leer vor Angst oder Hunger anfühlen. Dieser Zusammenhang von Leibesinselbildung und -schrumpfung mit Engung und Weitung lässt sich auch therapeutisch nützen, nicht nur durch ausgefeilte Entspannungstechniken, sondern auch in naiver zwischenmenschlicher Zuwendung. Goethe rühmt in einem unbetitelten Gedicht mit der Anfangszeile »Warum gabst du uns die tiefen Blicke« die Wirkung der Frau v. Stein auf ihn:

> Und in deinen Engelsarmen ruhte
> Die zerstörte Brust sich wieder auf.

Das seltsame Verb »aufruhen« fasst das Aufblühen von Leibesinseln in der Brustgegend mit der entspannenden und beruhigenden Weitung des Leibes zusammen.

Räumlich in einen flächenlosen Raum sind auch die Gefühle als Atmosphären. Eine *Atmosphäre* im hier gemeinten Sinn ist die randlose Besetzung eines flächenlosen Raumes im Bereich dessen, was als anwesend erlebt wird. (Ich sage »Besetzung«, nicht »Erfüllung«, weil es sich auch um eine Besetzung mit Leere handeln kann, wie ich gleich zeigen werde.) Die These der Räumlichkeit der Gefühle ist eine harte und fast unglaubliche Zumutung, weil Gefühle als private Seelenzustände gelten. Diese Auffassung ist ein Ergebnis der psychologistisch-reduktionistisch-introjektionistischen Vergegenständlichung; kurz vor dieser Schwelle verstand Empedokles Liebe und Groll (Streit) anders, nämlich als räumlich ausgedehnte Atmosphären – »überallhin im Gleichgewicht«, »gleich an Länge und

Breite« –, die den Gliedern der Sterblichen eingepflanzt seien, also sie leiblich besessen halten,[23] und den Urchristen war der Heilige Geist eine eben solche Atmosphäre, in der sie lebten, von Liebe, Freude und Freimut, für Paulus eine den Leib in Konkurrenz mit einem Widersacher, dem nah mit dem Streit-Groll des Empedokles verwandten Fleisch, besessen haltende Macht. Die tragende Säule der psychologistisch-reduktionistisch-introjektionistischen Vergegenständlichung ist der Psychologismus, die Einschließung des gesamten Erlebnis einer Person in eine abgeschlossene private Innenwelt, eine Seele; nachdem er in der dritten Stunde abgeräumt worden ist, erübrigt sich auch die Introjektion, da das Innere, in das Weltinhalt abgewälzt werden könnte, nicht mehr zur Verfügung steht. Wenn man sich davon überzeugt hat, wird die neue Sicht der Gefühle als räumlich ergossene, leiblich ergreifende Mächte ganz natürlich. Man sieht daran leicht, wie unnatürlich und gekünstelt die Auffassung der Gefühle als Seelenzustand, als »passio animae« (Thomas von Aquino im Anschluss an Aristoteles) ist, z. B. im Fall des Zorns. Er wird vielmehr nach Art der reißenden Schwere, wenn man stürzt oder sich gerade noch fängt, erfahren, oft wie eine blitzartig den Leib befallende und eher nach vorne als nach unten treibende Macht, im Gegensatz zu der Schwere, gegen deren Abwärtsreißen man sich sträubt, aber als eine Macht, von der man sich mitreißen lässt, mit der man wenigstens ein Stück weit aus eigenem Impuls mitgeht, bis dann eventuell die personale Auseinandersetzung mit dem ergreifenden Impuls und dem eigenen Mitmachen in Preisgabe und/oder Widerstand einsetzt. Ich will nun an einer Reihe weiterer Gefühle deutlich machen, wie viel besser als die Verseelung zu ihnen die Auffassung als Atmosphären passt.

Feierlicher Ernst ist ein mächtiges Gefühl, das sich als Atmosphäre vornehmlich in Gestalt einer weiten, ruhigen, dicht gesammelten Stille darstellt, mit einer Autorität, die vorlautes

---

[23] Diels und Kranz, Die Fragmente der Vorsokratiker, 31B17, Zeilen 19–24

Geschwätz verbietet. Dieses Gefühl ist frei von Lust und Unlust; die weit verbreitete Deutung der Gefühle als Weisen von Lust und Unlust wird durch dieses Gegenbeispiel widerlegt.

Freude ist eine hebende Atmosphäre, die den Leib zum Schweben (»in Seligkeit«), zum beschwingten Gang, ja zum Hüpfen (»Freudensprung«) anstiftet, obwohl sich an der Schwere des Körpers nichts geändert hat; diese imponiert aber nicht mehr so wie sonst als Hindernis. Das könnte an gesteigertem leiblichem Kraftgefühl liegen; es gibt aber auch eine passive Freude, in die man sich erschlaffend fallen lässt, z. B. bei Erleichterung von einer schweren Sorge, und die hebt nicht weniger als die leiblich aktive. Dann kann es nur die Atmosphäre der Freude sein, deren hebende Tendenz im Gegensatz zur Erdenschwere das Leben leiblich leicht macht.

Bei der Scham kommt es gelegentlich vor, dass jemand sich beschämend benimmt, sich aber selbst nicht schämt, während die Anwesenden und Angehörigen peinlich berührt sind. Gefühlsansteckung kommt nicht in Frage, denn es ist niemand da, der mit seiner Scham die Anderen anstecken könnte. Vielmehr erweist sich hier die Scham als Atmosphäre, die von ihrem Verdichtungsbereich, dem sich nicht schämenden oder in anderen Fällen sich schämenden Beschämten, in den Bereich spürbarer Anwesenheit oder auch darüber hinaus ausstrahlt, wobei sie zum Rande hin schwächer wird, als bloße Peinlichkeit, von der man nur berührt, nicht mehr durch und durch ergriffen ist. Der peinlich Berührte will nicht wie der von katastrophaler Scham Ergriffene im Boden versinken, aber er möchte lieber weg sein; er senkt nicht gerade den Blick, aber kneift vielleicht etwas die Augen, um nicht allzu genau hinzusehen. Diese Peinlichkeit ist aber nur eine Verdünnung derselben Scham, die den, der sich in ihrem Verdichtungsbereich schämt, katastrophal trifft; man sieht das daran, dass auch diese katastrophale Scham als Peinlichkeit vorkommt. Man sagt dann: »Es ist mir entsetzlich peinlich, dass …«

Trauer ist im Bereich erlebter Anwesenheit eine ausgedehnte Atmosphäre mit totalem Durchsetzungsanspruch. Ich zeige das an dem von mir so genannten sozialen Gefühlskontrast. Zu diesem Zweck vergleiche ich zwei Gefühle, Trauer und Fröhlichkeit, mit zwei ihnen nah verwandten leiblichen Regungen, Mattigkeit und Frische; Trauer pflegt mit Mattigkeit, Fröhlichkeit mit Frische einherzugehen. Wenn ein Fröhlicher von einiger Feinfühligkeit unvermutet auf einen Kreis tief trauriger Menschen stößt, wird er die Äußerung seiner Fröhlichkeit etwas dämpfen, bis hin zu mindestens einem Anflug scheuer Zurückhaltung. Wenn ein solcher Mensch dagegen zu bloß Matten kommt, wird er sich, selbst durch Feingefühl, weniger zu solcher Zurückhaltung herausgefordert fühlen; wenn er etwas von ihnen will, wird er eher geneigt sein, sie durch Zurufe oder gar Zugriffe aufzurütteln, andernfalls auch ihnen eine Stärkung zu reichen oder sie zum Arzt zu schicken oder diesen zu holen. Ich frage nun, worauf dieser Unterschied im Kontrastgrad beruht. Man könnte meinen, es sei der Respekt vor den Trauernden und ihrer Menschenwürde. Solcher Respekt würde aber eher ein Motiv sein, an die Trauernden Hand anzulegen, um ihnen die aufrechte Haltung des Stolzes und der Würde zurückzugeben. Auch könnte dieses Motiv den Kontrast nicht erklären, da die Matten denselben Anspruch auf Achtung ihrer Würde haben. Vielmehr ist es die Autorität der Trauer als einer Atmosphäre, die den Raum erlebter Anwesenheit vollständig und ausschließlich für sich beansprucht und mit dem Übergewicht dieser Autorität die Atmosphäre der Fröhlichkeit, die ebenso auf randlose Besetzung des Raumes erlebter Anwesenheit drängt, mehr oder weniger unterdrückt. Gefühle haben Autorität, wie sich schon am feierlichen Ernst gezeigt hat; wenn in einem Raum erlebter Anwesenheit konträre Gefühle spürbar zusammenstoßen, setzt sich, aber nur im Fühlen des für diese Konfliktlage Empfänglichen, die Atmosphäre mit stärkerer Autorität durch. Bloße leibliche Regungen, die keine Gefühle sind, wie Mattigkeit, Frische und Behagen in der Badewanne, sind nicht so raumfüllende Atmosphären und haben auch keine Autorität. Daher hemmt der Kontrast den Frischen vor Matten nicht so wie den Fröhlichen vor Traurigen.

Verzweiflung wird hier nicht im Sinn der Vereitelung von Wünschen und Bedürfnissen verstanden, sondern wie die acedia der spätantiken christlichen Wüstenväter, die in ihrem Eremitenleben während der Mittagshitze keinen Sinn mehr fanden, und wie der ennui der Franzosen, eine mit Ekel vermischte Langeweile. Sie ist ein Gefühl, das mit der Trauer viel gemein hat, z.B. die Schwunglosigkeit, die Verzagtheit, die Neigung zur Vereinsamung, sich von ihr aber dadurch unterscheidet, dass es nicht drückend ist, sondern eine Haltlosigkeit mit sich bringt, eine Aussetzung in eine Atmosphäre aufdringlich gespürter Leere, in der keine Richtung vorgezeichnet ist, auch nicht die beugende und nach unten drückende der Trauer. Dieses Gefühl, das durch die von ihm geschaffene Haltlosigkeit dem Ergriffenen ziellose Unruhe eingibt, kann durch Reflexion auf Sinnlosigkeit des Lebens geweckt werden, aber auch spontan ohne Reflexion als ergreifende Atmosphäre über einen Menschen kommen. Das ist etwa bei unheimlichen Abendstimmungen der Fall, wenn die bleiche Kühle des verblassenden Tages alles wie hinter Glas entrückt und fremd werden lässt, so dass die Richtungen leiblicher Zuwendung nicht mehr greifen und keinen Halt finden. Dann drängt sich der Eindruck von Sinnlosigkeit des Lebens auch ohne Nachdenken als Anstiftung durch die Atmosphäre erlebter Leere auf. Nietzsche hat dieses Abenderlebnis packend beschrieben[24], aber als Traurigkeit verkannt, wie übrigens auch die mittelalterliche Theologie, z.B. Thomas von Aquino, die acedia, da man die spontane Verzweiflung nicht mehr als solche erkannte und mit Symptomen wie Faulheit oder eben mit Ähnlichem wie der Trauer verwechselte. Eine andere der Wirkung dieses Sinnlosigkeitsgefühls günstige Umgebung ist ein

---

[24] Also sprach Zarathustra, 2. Teil, Das Tanzlied, am Ende

nasskalter Morgen im hässlichen Häusermeer einer Großstadt oder auf dem Bahnhof. Die Räumlichkeit der ergreifenden Atmosphäre ist dann im Spüren randlos ergossener Leere (trotz körperlicher Fülle der Umgebung) evident.

Affektives Betroffensein hat immer die Gestalt einer leiblichen Regung und ist manchmal Betroffensein durch Gefühle, die den Leib ergreifen, indem sie den vitalen Antrieb affizieren. Das ergreifende Gefühl als Atmosphäre darf aber nicht mit dem Fühlen als Ergriffenheit von dieser Atmosphäre verwechselt werden. Es gibt nämlich noch ein anderes Fühlen, das bloße Wahrnehmen der Atmosphäre ohne Ergriffenheit, und manchmal gelingt der Übergang von diesem Wahrnehmen zum affektiv betroffenen Fühlen so glatt, dass sich die ergreifende Macht beim Bewirken der Ergriffenheit deutlich verfolgen lässt. So zeigt sich Goethes Faust betroffen, als er als lüsterner Spion Gretchens Zimmer betritt:

> Wie atmet rings Gefühle der Stille,
> Der Ordnung, der Zufriedenheit![25]

Seine Stimmung, mit der er eintritt, ist dieser Atmosphäre entgegengesetzt, aber offenbar wird er von ihr angerührt. Ähnlich kann es einem gereizten oder böswilligen Menschen gehen, der eine Kirche betritt und von der milden, frommen und feierlichen Atmosphäre ihres Innenraums entsprechend umgestimmt wird. In anderen Fällen ergreift eine zunächst bloß wahrgenommene Atmosphäre nicht selbst, sondern mittelbar durch ein entgegengesetztes Gefühl, so wenn der ernsthafte Betrachter eines albernen Festes durch die Atmosphäre alberner Fröhlichkeit, die ihm aufdringlich entgegenschlägt, melancholisch gestimmt wird. Es kommt sogar vor, dass ein Gefühl als Atmosphäre ohne jemanden, der es fühlt (d. h. davon unmittelbar ergriffen ist), gleichsam in der Luft liegt und durch ein davon verschiedenes Vorgefühl den Betroffenen

---

[25] Vers 2691 f.

mittelbar ergreift. Das ist der Fall bei dem unpersönlichen Zorn, der den vom Bewusstsein schwerer Schuld Gepeinigten im Kleid der Furcht mittelbar heimsucht. Der Muttermörder Orestes verrät in der Tragödie des Aischylos noch vor der Erscheinung der Erinnyen dieses Betroffensein:

> Doch dass ihr's wisst: nicht weiß ich, wohinaus das treibt;
> Gleichsam mit Rossen fahrend, lenk ich aus der Bahn
> Seitwärts heraus. Fort treibt mich, den Bezwungenen, fort
> Mein Sinn unbändig. Nah dem Herzen macht sich Furcht
> Zum Sang bereit, zum Tanz dabei im Ton des Grolls.[26]

Gretchen in Goethes *Faust*, als Kindsmörderin von schwerer Schuld gepeinigt, hört im Dom die halluzinierte Stimme eines bösen Geistes, der ihre Gewissensangst schürt: »Grimms fasst dich!«[27] Zu diesem Zorn fehlt ein Zürnender; er ist eine nackte Atmosphäre, durchgefühlt in ergreifender Furcht. Das affektive Betroffensein vom Gefühl ist also dem ergreifenden Wirken des Gefühls als Atmosphäre nachgeordnet.

Vor einer Verdinglichung der Gefühle, als schwebten sie gleich unsichtbaren Wolken immer im Raum, muss man sich aber in Acht nehmen. Gefühle sind Halbdinge. Halbdinge unterscheiden sich von Volldingen durch zwei Eigenschaften: 1. Ihre Dauer ist unterbrechbar, d.h. sie kommen, gehen und kommen wieder, ohne dass es Sinn hat, zu fragen, wie sie die Zwischenzeit verbracht haben. 2. Während die Kausalität der Dinge dreigliedrig ist, gegliedert in Ursache (z.B. fallender Stein), Einwirkung (z.B. Stoß) und Effekt (z.B. Zertrümmerung oder Verrückung des getroffenen Gegenstandes), ist die Kausalität der Halbdinge zweigliedrig und unmittelbar, indem Ursache und Einwirkung zusammenfallen. Ein typisches Beispiel ist die Stimme eines Menschen, die man in allen Schall-

---

[26] Aischylos, Choephoren Vers 1021–1025, in: Aischylos, Tragödien und Fragmente, herausgegeben und übersetzt von Oskar Werner, München 1959, S. 179
[27] Vers 3800

folgen ihrer Äußerung als dieselbe durchhört; die Schallfolge wächst, die Stimme nicht. Wenn sie schweigt, wäre es sinnlos, danach zu suchen, wie sie diese Pausen verbringt. Als physikalisches Objekt wirkt die Stimme durch viele Mittelglieder ihrer Einwirkung, z. B. Schallwellen, elektrische Ströme in den Nerven, aber das sind nur Konstruktionen, die ihre Glaubwürdigkeit oder Plausibilität den Erfolgen bei der Vorhersage verdanken, keine Tatsachen der unwillkürlichen Lebenserfahrung, die als Phänomene berücksichtigt werden müssten. Als Phänomen betrachtet, schlägt die Stimme unmittelbar ein wie der Blick, von dem man getroffen wird, nicht durch Zwischenglieder der Einwirkung. Andere Halbdinge sind der Wind (vor der Umdeutung in bewegte Luft, ein Vollding), die reißende Schwere, wenn man ausgleitet und stürzt oder sich gerade noch fängt, der elektrische Schlag (in den die Physik elektrischen Strom als schlagenden Arm hineindeutet, um die Kausalität zur dreigliedrigen des Volldings zu ergänzen), der Schmerz, mit dem man sich auseinandersetzen muss (III), viele Geräusche, die langgezogen unerträglich werden (wie schrille Pfiffe und stechender Lärm), Melodien, Rhythmen, die Nacht, die Zeit, wenn sie in Langeweile und in gespannter Erwartung unerträglich lang wird.

Halbdinge sind auch die Gefühle. Ein Gefühl der Verbitterung z. B. steigt plötzlich auf, ergreift den Verbitterten und verschwindet wieder, bis es nach unberechenbarer Zwischenzeit erneut da ist, und packt unmittelbar, ohne dazwischen geschobene Einwirkung, den Ergriffenen. Aus der Unterbrechbarkeit der Dauer von Gefühlen ergibt sich der Anschein ihrer Privatheit. Es steht damit wie bei Melodien, die einem immer mal wieder einfallen, motiviert bisweilen durch Erinnerungen aus der eigenen Geschichte. So wecken auch ganz persönliche, mit niemand geteilte Erfahrungen und Verstrickungen der eigenen Lebensgeschichte das Gefühl wie eine Melodie, die zerstreut zu unzusammenhängenden Zeiten und an beliebig verteilten Orten erklingt, und es ist dann auch nur der Person mit dieser Lebensgeschichte zugänglich. Eigentlich ist aber nicht das Gefühl privat, sondern das Fühlen als Ergriffenheit von ihm, eine für den Betroffenen subjektive Tatsache. Gefühle können dagegen genau so gut individuell (nur je einem Bewussthaber zugänglich) sein wie kollektiv. Ein kollektives Gefühl waren die Heimwehwellen, von denen russische Vertriebene im Westen nach dem zweiten Weltkrieg heimgesucht wurden.[28] Andere Beispiele sind stürmischer Mut einer angreifenden und Panik einer flüchtenden Truppe.

Das Fühlen als affektives Betroffensein von einem Gefühl ist eine leibliche Ergriffenheit, bei der die Atmosphäre am vitalen Antrieb angreift. Je nach der Bindungsform von Engung und Weitung (Spannung und Schwellung) in ihm ergeben sich Unterschiede der Ergreifbarkeit. Stufenmütige (Bathmothymiker) mit kompaktem Antrieb, gleichsam einem langen Atem der Vitalität, der sich erst nach übermäßig anhaltender Belastung staut und dann zu einer ruckartigen Veränderung des Antriebsniveaus führt, weil das zähe Zusammenhalten der beiden Komponenten elastische Verarbeitung der Belastung verhindert, sind weniger ergreifbar als andere Menschen, da sich ihr Antrieb nicht so leicht aufwühlen lässt. Menschen mit größerer Begabung zu rhythmischen Schwingen von Spannung und Schwellung oder zur Abspaltung von Anteilen privativer Engung und privativer Weitung aus dem Verband haben es leichter, sich vom ergreifenden Gefühl zur Resonanz führen zu lassen. Andere Hemmungen und Förderungen der

[28] »Etwas Eigenartiges waren die Heimwehwellen. So berichtete uns ein russisch sprechender Leiter, wie an manchen Abenden die Leute auf einmal aufstanden, ohne dass äußerlich etwas zu merken gewesen wäre, stumm in ihre Zimmer gingen und sich dort traurig nach der Heimat sehnten. Einige Stunden später oder am nächsten Tage war dieses stumme, kollektive Gefühl wieder vorbei. Der Leiter sagte dann: ›Ich habe nie begriffen, wie das kommen konnte, dass auf einmal alle zusammen vom gleichen Empfinden ergriffen wurden!‹« (Maria Pfister-Ammende, Psychologische Erfahrungen mit sowjetrussischen Flüchtlingen in der Schweiz, in: Die Psychohygiene. Grundlagen und Ziele, hg. v. Maria Pfister-Ammende, Bern 1949, S. 253)

Ergriffenheit haben personale Gründe, etwa indem der personal emanzipierte Bewussthaber das leiblich-affektive Betroffensein nur gedrosselt an sich herankommen lässt, oder indem ein Jüngling aus der noch ungestützten Erhebung seiner personalen Emanzipation allzu leicht in Ergriffenheit abstürzt, oder auf Grund lebensgeschichtlich bedingter Verhärtungen usw.

Die Ergriffenheit hat vor dem affektiven Betroffensein ohne Resonanz auf ergreifende Gefühle, also etwa vor Schmerz, Hunger, Durst, Frische und Müdigkeit, dies voraus, dass der Ergriffene von Anfang an tiefer verstrickt ist. Dafür ist der Grund, dass das affektive Betroffensein von Gefühlen nur echt ist, wenn der Betroffene mit dem Impuls des Gefühls wenigstens ein Stück weit mitgeht, indem er ihn sich zunächst meist unwillkürlich zu eigen macht, während die wählerische personale Auseinandersetzung mit dem Gefühl in Preisgabe und/oder Widerstand erst nachträglich einsetzt. Ich habe darauf für den Zorn schon aufmerksam gemacht. Ein Symptom dieser ursprünglichen Solidarität mit dem ergreifenden Gefühl ist die erstaunliche Gebärdensicherheit des Ergriffenen. Man muss schon ein guter Schauspieler sein, um den komplizierten Ausdruck der Freude – die lachenden Augen, den beschwingten Gang, die lächelnde Versunkenheit usw. – treffend nachzuahmen; dem Freudigen, und sei er noch so ungeschickt, gelingt das ganz von selbst. Ebenso weiß der Bekümmerte zu seufzen und gebückt zu sitzen, der Beschämte den Blick zu senken, der Zornige die Faust zu ballen, die Stirn zu runzeln, die blitzenden Augen aufzureißen usw. Niemand, der so ergriffen ist, muss erst verlegen fragen, wie man so etwas macht. Dagegen muss der Mitleidige, den fremdes Leid oft nicht so echt wie eigenes ergreift, sehr oft verlegen fragen, wie er seinem Mitleid passenden Ausdruck geben soll. Nur wenn dieses so spontan und stürmisch ist wie Ergriffensein von eigenem Leid, versteht sich der Ausdruck von selbst. Diese Gebärdensicherheit ist der beste Beweis dafür, dass das ergreifende

Gefühl den Leib unmittelbar mit einer Bewegungssuggestion heimsucht und der Ergriffene diese mitmacht, indem er sich dem Gefühl ausliefert. Nur nachträgliche personale Stellungnahme kann den Ausdruck durch Widerstand hemmen oder unterdrücken, durch Preisgabe verstärken. Beim Betroffensein von bloß leiblichen Regungen fehlt zwar nicht die anfängliche Stellungnahme, das Eingehen auf das betroffen Machende, aber sie hat nicht so unvermeidlich den Charakter des Mitgehens, der Auslieferung. Deswegen ist es viel leichter, eine leibliche Regung wie den Hunger oder den Schmerz zu beobachten, als ein ergreifendes Gefühl. Mit diesem hat man sich, wenn die Beobachtung einsetzt, schon solidarisch gemein gemacht, selbst wenn man es in anschließender personaler Stellungnahme ablehnt und zurückzudrängen sucht. Die Verstrickung und Konfrontation ist hier intensiver und dramatischer als bei bloß leiblichen Regungen, und der Gewinn der zur Beobachtung gehörigen Unbefangenheit entsprechend schwerer.

Die Beschaffenheit der Atmosphären, die Gefühle sind, lässt sich durch eine bei ihrer Räumlichkeit ansetzende Einteilung der Gefühle in drei Schichten genauer bestimmen. Die Grundschicht, die alle Gefühle durchzieht und färbt, betrifft lediglich die Weite des flächenlosen Raumes. Für diese gibt es die Alternative der Besetzung durch dichte Fülle oder durch Leere. Das Gefühl der leeren Weite ist die vorhin beschriebene Verzweiflung, in der wegen der durch Leere bedingten Halt- und Richtungslosigkeit in paradox anmutender Weise Unruhe und Trägheit zusammenkommen. Das Gegenteil ist Zufriedenheit, nicht als Wunscherfüllung, sondern als Gefühl einer tragend dicht erfüllten Weite, besonders deutlich spürbar als Gefühl der Geborgenheit in der Liebe eines Menschen oder eines harmonischen Familienkreises, aber auch in ruhigem, gefasstem, kraftvollem Selbstvertrauen und in der tiefen Gelassenheit, die das Ideal der Mystiker ist. Hegel meint diese Zufriedenheit, wenn er seiner Braut schreibt: »Es gibt eine *selige* Zufriedenheit, die, ohne Täuschung betrachtet, mehr ist als alles, was glücklich sein heißt.«[29] Alle Gefühle sind Stimmungen; Zufriedenheit und Verzweiflung sind die reinen Stimmungen. In deren Weite sind als zweite Schicht gerichtete Gefühle eingetragen, die reinen Erregungen ohne Zentrierung auf ein Thema. Freude und Trauer können solche unzentrierten Erregungen mit hebender bzw. drückender Richtung sein; eine klassische Formulierung dieser Reinheit ist Mörikes Bekenntnis in seinem Gedicht *Verborgenheit*:

Was ich traure, weiß ich nicht,
Es ist unbekanntes Wehe;
Immerdar durch Tränen sehe
Ich der Sonne liebes Licht

Oft bin ich mir kaum bewusst,
Und die helle Freude zücket
Durch die Schwere, so mich drücket,
Wonniglich in meiner Brust.

Während solche Freude und Trauer einseitig (nach oben bzw. unten) gerichtet sind, zieht sich Bangnis als vage Witterung des Unheimlichen (z. B. im nächtlichen Wald) allseitig zentripetal um den Ergriffenen zusammen; ihr Gegenstück ist die diffuse, ziellose, allseitig zentrifugale Sehnsucht, ein der Pubertät und der Romantik eingepflanztes Gefühl, das Goethe eingehend studiert[30] und abermals Mörike in seinem Gedicht *Im Frühling* klassisch herausgearbeitet hat. Aus beiden Gefühlen gemischt, allseitig zentrifugal-zentripetal, ist das in der Goethezeit von Autoren wie Goethe, Hölderlin, Hoffmann thematisierte Erwartungsgefühl des Ahnungsvollen, das ambivalent mit Ankündigung von etwas unklar Bedeutungsvollem, bedrohlich und verheißungsvoll zugleich, in der Luft

[29] Briefe von und an Hegel, hg. v. J. Hoffmeister, Band 1, Hamburg 1952, S. 367 (Hegel an Marie v. Tucher, Sommer 1811)
[30] Vgl. Hermann Schmitz, Goethes Altersdenken im problemgeschichtlichen Zusammenhang, Bonn 1959, Nachdruck 2008, S. 254–263

liegt.[31] Von dieser Art ist die für beginnende Schizophrenie charakteristische Wahnstimmung.

Die ziellosen reinen Erregungen organisieren sich oft, aber mit allmählichen Übergängen[32], um ein thematisches Zentrum und werden dann zu den transitiven, auf Gegenstände bezogenen Gefühlen, die man in erster Linie »Gefühle« zu nennen pflegt. Die ältere phänomenologische Schule sprach von intentionalen Gefühlen oder Gefühlen als intentionalen Akten, orientierte dieses Gefühlverständnis also am Leitbild der Absicht oder Abzweckung auf etwas; demgemäß fasste Franz Brentano, der Urheber dieser Interpretation, sie mit den Wollungen zur Klasse der Gefühls- und Willensakte zusammen. Das war ein Fehler, bei dem man es sich mit der schlichten Rede von einem (intentionalen) Objekt des Gefühls zu leicht machte. Dieses Objekt weist nämlich in den meisten Fällen eine Doppelung auf, die mit gestaltpsychologischen Begriffen beschrieben werden kann. Demgemäß verstehe ich die sogenannten intentionalen Gefühle vielmehr als Gestalten, die thematisch zentrierte Atmosphären sind, als zentrierte Gefühle (Erregungen). Der Gestaltpsychologe Wolfgang Metzger unterschied an optischen Gestalten Verdichtungsbereich (wo ihr Gepräge sich sammelt) und Verankerungspunkt (von wo her die Gestalt sich aufbaut).[33] Ich habe diese Terminologie auf zentrierte Gefühle übertragen. Es gibt Freuden an etwas (dem Verdichtungsbereich), z. B. einer schönen Landschaft, und Freuden über etwas (den Verankerungspunkt), z. B. einen Erfolg, sowie Freuden an und über etwas (z. B. wohlgeratene, erfolgreiche Kinder); wie beides verschieden ist, zeigt sich etwa an der Freude des Kandidaten nach bestandenem Examen: Nur wenn der Verlauf erfreulich war, freut er sich an dem Examen,

---

[31] Hermann Schmitz, System der Philosophie Band III Teil 2, Bonn 1969, in Studienausgabe 2005, S. 300–304

[32] Vgl. ebenda S. 324–330

[33] Wolfgang Metzger, Psychologie, 5. Auflage Darmstadt 1975, S. 178 f. und 181–183

sonst nur über das Bestehen, dass er die Hürde genommen hat. Beim Zorn ist Verankerungspunkt das, worüber man zornig ist, Verdichtungsbereich der, auf den man zornig ist. Verdichtungsbereich der Scham ist der Beschämte, der sich aber nicht immer schämt, Verankerungspunkt der beschämende Makel. Bei der Furcht vor dem Mörder ist Verdichtungsbereich der Mörder, Verankerungspunkt der Tod. In der Geschichte der Liebe im Abendland liegt ein Wendepunkt an der Stelle, wo der Verankerungspunkt aus dem thematischen Zentrum der Liebe ausgeschieden wird. Die antiken Philosophen hatten einen solchen Verankerungspunkt gefordert, und noch der Minnesang beruht darauf, wobei namentlich Schönheit, Tugend und Anstand der Geliebten als Verankerungspunkte der Liebe fungierten. Gottfried von Straßburg amputierte in seinem *Tristan* mit Verve den Verankerungspunkt, und dieser Vorstoß setzte sich durch und gab dem neuzeitlichen Liebesroman und sogar Liebeserleben das Gesicht.[34]

Die dargelegte Befreiung der Gefühle aus der Introjektion in die Seele ist von großer Wichtigkeit, weil Recht, Moral und Religion auf der Autorität von Gefühlen beruhen, wofür bloße Privatgefühle in den Seelen einzelner Menschen nicht genügen würden. *Autorität* für jemand ist die Eigenschaft, eine Macht (d.h. Instanz mit Steuerungsfähigkeit) zu sein, wodurch dem Betreffenden in für ihn unverkennbar merklicher Weise die verbindliche Geltung von Normen auferlegt wird. Eine *Norm* ist ein Programm für möglichen Gehorsam. Eine Norm *gilt verbindlich* für jemand, wenn er ihr die Bereitschaft zum Gehorsam nicht anders als halbherzig und befangen entziehen kann. Sie *gilt unverbindlich* für ihn, wenn die Geltung in seinem Belieben steht, z. B. im Fall von Spielregeln oder von Zwecken, die er sich willkürlich setzt. Die Geltung einer Norm ist doppelt relativ, nämlich erstens auf eine Perspektive und zweitens auf einen Adressatenkreis, der viel größer sein kann

---

[34] Hermann Schmitz, Die Liebe, Bonn 1993, S. 163–169, 179–195

als der Kreis der Inhaber der Perspektive. In der Perspektive anständiger Menschen gilt für alle Menschen als Adressaten die Norm, dass sie anständig sein sollen, aber nicht alle Menschen haben diese Perspektive. Dem Anhänger einer missionarischen Religion gilt in seiner Perspektive verbindlich die Norm, dass alle so glauben sollen, aber sie gilt nicht in der Perspektive der Ungläubigen. Das Wörtchen »für« in der Wendung »gilt für« ist entsprechend doppeldeutig.

Gefühle haben Autorität, wie ich am feierlichen Ernst, an der Scham und an der Trauer schon belegt habe. Ebenso gebietet der Zorn Vergeltung mit einer Autorität, deren Wucht Kleist an Michael Kohlhaas herausgearbeitet hat, die Achtung Zurückhaltung trotz und mit Zuwendung, tiefes Glück eine (eventuell unadressierte) Dankbarkeit. Autorität hat außer Gefühlen auch die Evidenz oder vielmehr das Sein, indem es in der Evidenz als Autorität hervortritt, die als das Sein freilich nur durchschaut werden kann, weil dieses dem Betroffenen aus der primitiven Gegenwart vertraut ist.[35] In der Evidenz gebietet das Sein dem von ihr Betroffenen, sich bezüglich der evidenten Tatsache als einen davon Überzeugten hinzunehmen.[36]

Die verbindliche Geltung rechtlicher, moralischer und religiöser Normen beruht lediglich auf der Autorität von Gefühlen. Statt ihrer kämen höchstens Zwang und Konvention in Betracht, aber Zwang braucht keinen Gehorsam, und Konvention ohne sie tragende Autorität eines Gefühls genügt nur zu unverbindlicher Geltung. Im Fall des Rechts sind Zorn und Scham die Gefühle, die ihm sein Pathos geben; ohne dieses Pathos würde das Recht zur Hure, indem jedes beliebige Normensystem noch so verwerflichen Inhalts als Recht ausgegeben werden könnte. Zorn und Scham sind zentrierte Gefühle,

---

35 Vgl. Hermann Schmitz, Neue Grundlagen der Erkenntnistheorie, Bonn 1994, S. 243–247

36 ebd. S. 251–253

die durch ihren Verankerungspunkt eintreten und als kathartische Erregungen danach streben, sich durch eine gegen ihren Verdichtungsbereich gerichtete Reaktion auszulassen und aufzuheben. Es gibt Rechtskulturen des Zorns mit Vorrangstellung des subjektiven Rechts (im Abendland) und Rechtskulturen der Scham mit Unterordnung des subjektiven Rechts unter die Beschämung dessen, der sich daran vergreift (in Ostasien und teilweise bei den Römern).[37] Die Unterscheidung ist von anderer Art als die von Ruth Benedict eingeführte und seither populär gewordene zwischen Schamkultur und Schuldkultur. Auch ist der Zorn trotz der Vorrangstellung des subjektiven Rechts in Zornkulturen des Rechts nicht nur Empörung wegen Verletzung eigenen Rechts. Ein banales Gegenbeispiel ist der Klavierlehrer, der zornig wird, wenn sich der unbegabte Schüler »dumm anstellt«, weil in seinen Augen die Würde der Musik, nicht sein eigenes Interesse verletzt wird.

Zorn und Scham werden *rechtlich*, wenn sie das Maß des Erträglichen überschreiten. Wann dies der Fall ist, kann in einer Rechtskultur mit mehreren Teilnehmern nicht von deren Privatermessen bestimmt werden, denn das ist zu verschiedenartig. Vielmehr müssen Zorn und/oder Scham in eine gemeinsame zuständliche Situation der Rechtsgemeinde eingehen, deren Gehalt an Programmen, die Normen sind, – der *Nomos* dieser Situation, wie ich sage – darüber entscheidet, wann das Maß des Erträglichen überschritten ist. Dieser Nomos wird nicht direkt von Zorn und Scham diktiert, sondern von der Autorität des Rechtsgefühls, das sich am Umgang mit dem Unrecht bildet. *Unrecht* ist der Verankerungspunkt recht-

[37] Vgl. von Hermann Schmitz: System der Philosophie Band III Teil 3, Bonn 1973, in Studienausgabe 2005, S. 105–110; Höhlengänge, Berlin 1997, S. 153–165: Zorn und Scham an der Wiege von Rechtskulturen; zur Schamkultur des Rechts bei den Römern vgl. auch: Antonie Wlosok, Über die Rolle der Scham in der römischen Rechtskultur, in: Grazer Beiträge 9, 1980, S. 155–172, nachgedruckt in: Antonie Wlosok, Res humanae – res divinae. Kleine Schriften, Heidelberg 1990, S. 84–100

lichen Zorns (rechtlicher Scham). Das Rechtsgefühl trägt dafür Sorge, dass die zwar mit Autorität bewaffneten, insofern »heiligen«, aber gefährlichen Gefühle Zorn und Scham sich nicht so auslassen, dass Unrecht, etwa in fortgesetzter Rache, neues Unrecht gebiert. Man kann dieses Rechtsgefühl der Achtung vergleichen. Es wäre empörend und beschämend, dem Achtung Gebietenden zu nahe zu treten oder es achtlos zu übergehen. Achtung ist also ein Vorgefühl von Zorn und Scham. Gleiches gilt für das Rechtsgefühl, nur dass es nicht wie die Achtung thematisch zentriert ist (im Geachteten als Verdichtungsbereich und dessen Achtung gebietenden Eigenschaften als Verankerungspunkt), sondern als reine Erregung für alles offen ist. Ein solches Rechtsgefühl ist in der gemeinsamen zuständlichen Situation eines Rechtsvolkes gleichsam aufgehängt, wie die Liebe in der gemeinsamen Situation eines Liebespaares oder einer harmonischen Familie, und kann als Halbding in den Angehörigen immer wieder wach werden, ohne dass es Sinn hat, zu fragen, wie es die Zwischenzeit verbracht und den Zwischenraum überwunden hat.

Die zuständliche gemeinsame Situation einer vom Rechtsgefühl getragenen Rechtsüberzeugung zeichnet einen *Rechtszustand* vor, der von unerträglichen Ausbrüchen von Zorn und Scham verschont bleibt, auch wenn dieses Ziel nicht erreicht ist, der Rechtszustand dann also ein Ideal bleibt. Ein *Recht* ist eine *Rechtskultur*, bestehend aus einem *Rechtsvolk* und einer *Rechtsordnung*, die sich an einem vom Rechtsgefühl vorgegebenen Rechtszustand orientiert. Für das Rechtsvolk genügt im Grenzfall, wenn es sich um das Recht eines individuellen Gewissens handelt, ein einziger Angehöriger. Ein Rechtsvolk mit mehreren Genossen bedarf einer Kerngruppe, für deren Mitglieder das Rechtsgefühl Autorität besitzt; gewöhnlich gehört dazu eine innere Randgruppe von Anpassern, z.B. Opportunisten, in deren Perspektive die Rechtsordnung nur unverbindlich gilt, und eine äußere Randgruppe von Menschen (z.B. Säuglingen), auf die sie bloß angewendet wird. Die *Rechtsord-*

nung einer Rechtskultur ist der Inbegriff der Normen, die die Tatsächlichkeit der Rechtsgüter dieser Rechtskultur vorschreiben. *Rechtsgüter* einer Rechtskultur sind die Sachverhalte, deren Tatsächlichkeit für Erreichung und Erhaltung des Rechtszustandes dieser Rechtskultur unentbehrlich ist. Die Rechtsnormen sind teils Kernnormen, teils Randnormen. *Kernnormen* gelten dank der Autorität des Rechtsgefühls für die Angehörigen der Kerngruppe verbindlich. *Randnormen* treten ein, wenn von den Kernnormen eine Auswahl unter mehreren möglichen Regelungen, von denen jede nach Maßgabe der Kernnormen zulässig ist, gefordert wird. Die Wahl ist dann einem Normgeber überlassen, in Staaten dem Gesetzgeber, in einer patriarchalischen Familie dem Patriarchen. Auf diese Weise lässt das Pathos des Rechts als Rahmen der Ausfüllung durch willkürlich, aber passend gesetzte Normen einen breiten Spielraum.

Eine Spezialform des Rechts ist die Moral. Sie gleicht ihm durch die Fundierung der verbindlichen Geltung von Normen in der Autorität von Zorn und Scham, zu denen aber noch ein Schuldgefühl kommt, das zwischen Scham und Trauer steht. Die Atmosphäre der Scham, wie ich sie beschrieben habe[38], entsteht durch das Abprallen einer Provokation, die auch ein bloßer Geltungsanspruch sein kann, an einem Widerstand mit der Folge, dass die unumkehrbar aus der Enge in die Weite führenden leiblichen Richtungen von einer Übermacht entgegengesetzt gerichteter zentripetaler Vektoren des Gefühls, die durch allseits auf den Beschämten gerichtete Blicke versinnlicht sein können, gehemmt werden, so dass der von Scham Ergriffene sich leiblich nicht mehr entfalten kann, den Blick senkt und sich gleichsam in sich verkriechen möchte. Solche Hemmung der leiblichen Richtungen gehört auch zum Schuldgefühl, aber unter dem Einfluss von Vektoren der At-

[38] System der Philosophie Band III Teil 3, Bonn 1973, in Studienausgabe 2005, S. 35–43

mosphäre, die nicht zentripetal, sondern drückend sind, wodurch das Schuldgefühl dem Kummer verwandt wird. Im Gegensatz zum Kummer aber, der diffus und divergent drückt, stößt das Schuldgefühl leiblich pressend auf den Ergriffenen ein; dadurch gewinnt diese Ergriffenheit, gleich der von Scham, eine zerknirschende, zerstörerische Mächtigkeit, die der Ergriffenheit von Kummer fehlt.

Die Moral unterscheidet sich vom Recht durch eine Verschärfung der Autorität der Gefühle zu unbedingtem Ernst. Der Ernst einer Autorität und der von ihr gestifteten Verbindlichkeit von Normen bemisst sich an den Niveaus personaler Emanzipation. Ich werde diesen Begriff in der nächsten Stunde einführen und umschreibe ihn vorerst nur damit, dass es sich um so etwas wie Kritikfähigkeit handelt. Eine Person kann gleichzeitig auf mehreren Niveaus ihrer personalen Emanzipation stehen. Eine Verbindlichkeit hat *bedingten Ernst,* wenn sie auf einem Niveau personaler Emanzipation stattfindet, über dem der Person noch ein höheres zur Verfügung steht. Ich verdeutliche das, ohne den abstrakten Begriff der Höhe eines Niveaus jetzt schon zu bestimmen, am Beispiel der Scham, die entsteht, wenn man sich in einer Gesellschaft eine Blöße (im übertragenen Sinn des Wortes) gegeben hat, also einen Geltungsanspruch zurücknehmen muss. Man kann sich dann sehr heftig schämen, obwohl man der Gesellschaft nur begrenzten Wert beimisst, sich also auch distanzieren kann, und doch kommt man von dem niedrigeren Niveau nicht los. Ebenso verhält es sich, wenn man einer Tradition, aus der man stammt, anhänglich bleibt, obwohl man ihr in der Reflexion schon kritisch gegenübersteht. Wenn man aber einer Norm auch auf dem höchsten jeweils erreichbaren Niveau personaler Emanzipation, bei Mobilisierung aller Reserven eigener Kritikfähigkeit, die Bereitschaft zum Gehorsam nicht anders als befangen und halbherzig entziehen kann, dann hat die Verbindlichkeit dieser Norm und die sie stiftende Autorität für den so Unfähigen *unbedingten Ernst.* Unbedingten Ernst hat die in der Evidenz aufscheinende Norm, die den Betroffenen nötigt, eine Tatsache zuzugeben. Die von der Autorität des Zorns, der Scham und/oder des Schuldgefühls gestiftete Verbindlichkeit einer Norm ist dann *moralisch*, wenn sie für den Betroffenen unbedingten Ernst hat. Hieraus ergibt sich, dass die verbindliche Geltung moralischer Normen auf die individuellen Perspektiven einzelner Personen relativ und nicht beliebig verallgemeinerbar ist. Sie hängt ja davon ab, wo das höchste Niveau der Kritikfähigkeit liegt, und es gibt keinen Grund, anzunehmen, dass es bei allen Personen gleiche Höhe hat. Nicht einmal dies ist sicher, dass es für jede Person ein solches höchstes Niveau gibt. Es kann gewissenlose Menschen geben, die sich in vollendeter Frivolität über jede Autorität von Zorn, Scham und Schuldgefühl zu stellen vermögen. In der Perspektive solcher Menschen gelten keine Normen moralisch, aber sehr wohl können sie Adressaten der Geltung von Normen sein, die für andere Menschen moralisch gelten, und von diesen entsprechend behandelt werden.

Mit der Moral ist die Religion verwandt. Man kann die Moral ebenso als eine spezielle Religion auffassen wie als ein spezielles Recht. *Religion* ist Verhalten aus Betroffensein von Göttlichem; das Betroffensein braucht nicht unmittelbar zu sein, sondern kann auch durch Tradition vermittelt werden und dann als bloßer Nachklang ursprünglichen Betroffenseins eventuell zur Routine herabsinken. *Göttlich* ist für jemand die Autorität eines Gefühls, die für ihn unbedingten Ernst hat; was für die Moral Zorn, Scham und Schuldgefühl bedeuten, dehnt sich als das Göttliche auf irgendwelche Gefühle aus, die in Situationen eingebettet sind, deren Nomos kraft der Autorität dieser Gefühle für den Ergriffenen mit unbedingtem Ernst verbindlich gilt. Solche Situationen sind oft segmentiert, ziehen sich aber bisweilen an einer Figur, die sie wie ein Plakat verkörpert, zum vielsagenden Eindruck zusammen, so dass sie eine Gestalt annehmen, auf die man sich deutlicher und fester einstellen kann als auf die segmentierte Situation. Eine solche

Figur, die wirklich oder eingebildet sein kann, ist dann ein *Gott* des betreffenden Göttlichen. In diesem Sinn bekennt Tersteegen am Anfang eines Liedes: »Ich bete an die Macht der Liebe, die sich in Jesus offenbart.« Das Göttliche ist für ihn die Liebe, die er anbetet, und Jesus der Gott, in dem sie sich offenbart, d.h. zum vielsagenden Eindruck verdichtet. Entsprechend ist Apollon der Gott des südlichen Lichtes, einer heiligen Gefühlsmacht[39], sowohl nach der Seite ihrer erleuchtenden und wohltätigen Mächtigkeit als auch ihrer grausamen Schärfe. Gott ist eine Figur immer nur in der Perspektive einer Person, für die die Autorität eines Gefühls durch die Ergriffenheit davon unbedingten Ernst hat, und diese Ergriffenheit ist eine für den Betreffenden subjektive Tatsache. In diesem Sinn ist jeder Gott, wie Luther sagt, mein oder »dein Gott«[40], was aber nicht bedeutet, dass jeder seinen privaten Hausgott haben könnte und ein Gott nichts als dieses sei. Vielmehr geht die Tragweite der für mich subjektiven Tatsache, dass etwas mein Gott ist, weit über mich und mein Privatleben hinaus, aber es ist die Tragik der Religion, dass sich das, was darüber hinausgeht, der Neutralisierung entzieht; der Versuch, es in eine objektive Tatsache zu übersetzen, führt zu einer metaphysischen Fehlkonstruktion. Einer solchen sind die monotheistischen Religionen erlegen, indem sie ein höchstes Wesen postulieren, das allmächtig, allwissend, vollkommen gut und gerecht ist. Wenn es sich so verhielte, könnte man sich freuen, da auch ohne eigenes Zutun gesichert wäre, dass alles in der bestmöglichen Weise geregelt ist, aber völlig offen bliebe, ob es sich bei diesem Wesen um einen Gott handelt, denn das ist eine Frage nicht der Macht, Klugheit oder Güte, sondern der Autorität mit unbedingtem Ernst. Diese kann sich nur an der Überlegenheit über das höchste jeweils erreichbare Niveau personaler

---

[39] Hermann Schmitz, System der Philosophie Band III Teil 4, Bonn 1977, in Studienausgabe 2005, S. 124–128: Licht und Duft

[40] Martin Luther, Großer Katechismus, Textausgabe mit Kennzeichnung seiner Predigtgrundlagen von Johannes Meyer, Darmstadt 1968, S. 39

Emanzipation erweisen; daher gibt es einen Gott nur für den erwachsenen oder erwachsenden Menschen, wobei das Erwachsen schon in früher Kindheit beginnt.

Nun ist noch ein Wort über die Fläche zu sagen. Die Fläche ist leibfremd. Am eigenen Leib, in Gestalt leiblicher Regungen, kann man keine Flächen spüren. Gerade deshalb leistet die Fläche wichtige Dienste für die Erhebung der Person aus dem Leben aus primitiver Gegenwart. Indem sie sich in der Breite querend dem Blick in die Tiefe des Raumes entgegenstellt, entlastet sie von der Verstrickung in leibliche Kommunikation mit dem Blick. Sie bietet diesem eine Unterlage für die Eintragung von umkehrbaren Verbindungen zwischen Blickzielen. Solche können schon ohne Flächen gezogen werden, z. B. bei der Konstruktion von Sternbildern am Nachthimmel, ohne exakt linear (breitenlos) zu sein, denn breitenlose Strecken tauchen erst zwischen Flächen (als scharfe Kanten) auf. Solange, wie z. B. am Nachthimmel, für die Netze umkehrbarer Verbindungen keine Fläche zur Verfügung steht, ändert sich deren Anordnung bei jedem Wechsel der Zuwendung; erst durch den Eintrag der Netze in eine Fläche wird sie invariant. Damit ist die Möglichkeit zur Konstruktion eines stabilen Ortsraumes gegeben. In diesen kann dann auch der Blickende sich selbst einholen, indem die Fläche durch ihr Queren der Blickbahn Gelegenheit zur Reflexion der Richtung des Blickes gibt, der als leibliche Regung unumkehrbar aus der Enge in die Weite führt. Indem diese Richtung an der querenden Fläche umgekehrt wird, erreicht die umgekehrte Richtung den eigenen Leib und Körper des Blickenden, so dass dieser in das Netz der Orte des Ortsraumes einbezogen werden kann. Damit ist das perzeptive Körperschema angebahnt, sowie die Einbeziehung des eigenen Körpers und des mit diesem mehr oder weniger übereinstimmend lokalisierten eigenen Leibes in einen umfassenden Ortsraum. Die emanzipierte Person versetzt sich dann als Leib und Körper in eine neutrales System, dem sie auf ihrem emanzipierten Standpunkt gegenübertreten kann, sich selbst gleichsam mit anderen Augen ansehend; wenn sie deswegen freilich glauben sollte, das Leben aus primitiver Gegenwart verlassen zu haben, würde sie sich täuschen. Eine andere Gelegenheit zur Ausbildung des perzeptiven Körperschemas ist das Betasten der glatten Oberflächen des eigenen Körpers, z. B. mit beiden Händen zur Abwehr von Parasiten; so mögen Menschen der Vorzeit, vor Einführung zivilisatorischer Hygiene, den eigenen Körper kennen gelernt haben.

Sechste Stunde: Die Entstehung der Person; personale Emanzipation und personale Regression; die persönliche Situation; die leibliche Disposition; persönliche Eigenwelt und persönliche Fremdwelt; das Bewusstsein

Im Zuge der Entfaltung der primitiven Gegenwart nach fünf Seiten erhebt sich die Person aus dem Leben aus primitiver Gegenwart durch zwei Errungenschaften:

1. Der absolut identische Bewussthaber wird, indem er sich durch Selbstzuschreibung als Fall einer Gattung versteht, zum einzelnen Subjekt, das die Zahl der Subjekte um 1 vermehrt.
2. Im Leben aus primitiver Gegenwart sind alle Bedeutungen für jemand subjektiv. Durch Neutralisierung eines Teils von ihnen entsteht für das einzelne Subjekt etwas, das ihm fremd ist. Eine Sache ist im hier gemeinten Sinn für jemand *fremd,* wenn der Sachverhalt, dass sie existiert, gleich ob er eine Tatsache oder untatsächlich ist, ihm als neutraler (objektiver) Sachverhalt begegnet. Dem Fremden gegenüber kann sich die Person kraft der für sie subjektiv gebliebenen Bedeutungen auf etwas Eigenes berufen, das nachher näher als persönliche Situation und persönliche Eigenwelt beschrieben werden wird.

Das Zusammenwirken beider Errungenschaften, der Vereinzelung und der Neutralisierung, kann man exemplarisch an der Enttäuschung beobachten. Durch diese werden Bedeutungen, die vorher in die binnendiffuse Bedeutsamkeit von Situationen unauffällig eingelassen waren, explizit als einzelne freigesetzt. Man merkt z. B., wie gut man es hatte, nun erst an dem Einzelnen, das fehlt, an den Programmen, die nicht mehr aufgehen, an den Problemen, die sich erst auf Grund der Enttäuschung einzeln stellen. Das kommt auch der Selbstzuschreibung zugute; der Bewussthaber lernt sich in neuen Rollen, als Vermissender und als Bewältigender, als Fall einzelner Gattungen kennen. Auf der anderen Seite fällt für den Enttäuschten von vielen Bedeutungen, die als illusorisch entlarvt sind, die Subjektivität ab, und andere Sachverhalte, Programme und Probleme, die an ihre Stelle treten, sind für den Ernüchterten neutral und ziehen Vertrautes in die Fremdheit hinein. Aber nicht nur das Wenige, das zunächst auffällt, wird je nach dem fremd oder neutral. Da die Sachverhalte oft Gattungen mit unübersehbar vielen Fällen sind[10], werden alle diese Fälle, seien es Bedeutungen, seien es Sachen anderer Art, mit den Gattungen neutral bzw. fremd; eine übergreifende Neutralisierung kann große Massen, auch ohne Vereinzelung, in die Neutralität mitziehen. Deswegen sind zwar alle Bedeutungen, namentlich alle Tatsachen, ursprünglich für jemand subjektiv; das ergibt sich daraus, dass die entfaltete Gegenwart (die Welt) durch satzförmige Rede aus dem Leben aus primitiver Gegenwart, in dem alle Bedeutungen für jemand subjektiv sind, entbunden wird. Keineswegs sind aber alle Bedeutungen einzeln subjektiv, ehe sie objektiv werden, denn in ganzen Massen geht die Neutralisierung der Vereinzelung voraus. Objektivität oder Neutralität ist zwar ein abgeblasstes Restprodukt der vollblütigen Subjektivität für jemand, aber keineswegs muss jede einzelne Tatsache erst einmal für jemand subjektiv gewesen sein, um dann objektiv zu werden.

An Stelle der entwerteten Bedeutungen präsentiert die Enttäuschung neue einzelne, harte Tatsachen, mit denen man sich abfinden muss; auf diese Weise nötigt sie zur Rechenschaft von sich und damit zur Selbstzuschreibung. Durch Verbindung von Vereinzelung und Neutralisierung ist Enttäuschung also für Menschen ein wichtiger Reifungsschritt; auch Tiere können enttäuscht werden, aber sie nehmen, wie es scheint, nicht diese beiden Errungenschaften mit, sondern bleiben in unexplizierten Situationen befangen. Ich habe die Enttäuschung herausgestellt, weil sie die Grundzüge der Personwerdung beispielhaft beleuchtet; daneben gibt es viele andere Wege des Menschen zur Personalität. Auf allen diesen Wegen macht der Mensch Erfahrungen, die seiner Selbstzuschreibung zugute kommen und ihm neue für ihn subjektive Bedeutungen (Sachverhalte, Programme, Probleme) liefern. Diese heilen in die binnendiffuse Bedeutsamkeit der subjektiv gebliebenen, aus dem Leben aus primitiver Gegenwart übernommenen Bedeutungen gleichsam ein, und so ergibt sich eine reichere Bedeutsamkeit als Keim der zuständlichen persönlichen Situation, die die Persönlichkeit einer Person ist. Diese *persönliche Situation* wandelt sich in der Lebensgeschichte ohne Ende durch Prozesse der personalen Emanzipation und personalen Regression, der Explikation und Implikation angesichts von Herausforderungen. Ich erläutere diese Begriffe.

Personale Emanzipation ist die Vereinzelung und Neutralisierung von Bedeutungen mit der Folge, dass sich vom Neutralen und Fremden das Eigene abheben und so die Persönlichkeit sich festigen und ausbilden kann. Die Kritikfähigkeit, die strategische Übersicht zur Organisation von Mitteln für gesetzte Zwecke, die unparteiische Bewertung sind Kompetenzen personaler Emanzipation, die ihr den unklaren, aber von Philosophen wie Kant wie ein Fetisch exponierten Ehrentitel der Vernunft eingetragen haben. Je nach dem Abstand vom Leben aus primitiver Gegenwart, aus dem die Person die Gelegenheit zur Selbstzuschreibung schöpft (III), unterscheiden sich Niveaus der personalen Emanzipation; das höhere ist das neutralisiertere, dem Grad und dem Umfang der Neutralisierung von Bedeutungen nach. Die Person kann sich zugleich auf mehreren Niveaus ihrer personalen Emanzipation aufhalten. Ein Beispiel, die Autorität von Gefühlen mit bedingtem Ernst, wurde in der vorigen Stunde angeschnitten. Ein anderes

Beispiel ist die Akrasie, die, von Aristoteles im 7. Buch der *Nikomachischen Ethik* in die philosophische Diskussion eingeführt, in der angelsächsischen analytischen Philosophie und ihren Ausstrahlungen neuerdings viel erörtert, aber mit dem irreführenden Titel der Willensschwäche (weakness of will) belegt worden ist. Es handelt sich darum, dass eine Person auf verschiedenen Niveaus ihrer personalen Emanzipation zwei unverträgliche Absichten bildet, wobei sie die auf dem höheren, der Kritik fähigeren Niveau gebildete begünstigt, weil diese Absicht sich besser rechtfertigen lässt, jedoch die auf dem niedrigeren Niveau gebildete Absicht tatsächlich wählt, weil sie reicher mit der Subjektivität des affektiven Betroffenseins besetzt ist. Ein Beispiel ist der faule Bettgenießer, der mit guten Gründen wegen wichtiger Erledigungen die Absicht begründet, gleich nach dem Erwachen aufzustehen, es aber so schön wohlig im Bett findet, dass er die Absicht wählt, liegen zu bleiben. Eine Willensschwäche liegt nicht vor, denn eine Absicht wird nicht nur gebildet, sondern auch ausgeführt; es handelt sich nicht um ein schwaches, sondern um ein kompliziertes Wollen.

Die Person bedarf für die Bereitstellung des Relats der Selbstzuschreibung des Zugangs zur primitiven Gegenwart und muss daher, gegenläufig zu ihrer personalen Emanzipation, in das Leben aus primitiver Gegenwart zurücktauchen, wo sie durch den vitalen Antrieb und das leiblich-affektive Betroffensein Zugang zur primitiven Gegenwart hat (III). Das ist die Leistung der *personalen Regression*, die der Resubjektivierung ebenso dient, wie die personale Emanzipation der Neutralisierung. Mit dem Beiwort »personal« will ich anzeigen, dass diese Prozessrichtung für die Person ebenso unentbehrlich ist wie der Aufstieg zu Neutralität und unparteiischer Sachlichkeit in personaler Emanzipation. Beide Prozesse, Emanzipation und Regression, explizieren und implizieren; sie explizieren einzelne Bedeutungen aus der persönlichen Situation und lassen diese implizierend in deren binnendiffuse Bedeutsamkeit zurückfallen. Personale Emanzipation expliziert ihrem Begriff nach und impliziert, indem sie vieles neutralisierend in Gleichgültigkeit herabsetzt und übergeht; personale Regression impliziert, weil das Leben aus primitiver Gegenwart, in das oder dessen Nähe sie sich begibt, die Form der Einzelheit nicht kennt, expliziert aber auch, indem sie den Menschen in affektivem Betroffensein auf etwas stößt, um das er nicht herumkommt. Einen wichtigen, ja unerlässlichen Beitrag für dic Ausbildung der persönlichen Situation durch Implikation einzelner Bedeutungen in ihre binnendiffuse Bedeutsamkeit leistet das Vergessen. Ohne Vergessen könnte die persönliche Situation sich gar nicht weiterbilden; sie würde in lauter Blöcke einzelner Erfahrungen zerfallen.

Das Zusammenwirken von personaler Emanzipation und personaler Regression lässt sich an Lachen und Weinen studieren. Das Lachen ist Abfall von einem Niveau personaler Emanzipation in das Leben aus primitiver Gegenwart mit der Zuversicht, auf dieses Niveau zurückkehren zu können, weil der Schwung der personalen Regression dafür ausreicht; es gleicht damit der Bauchwelle am Reck. Die Komik sichert die Zuversicht zusätzlich durch Verdoppelung des Niveaus der personalen Emanzipation in ein der Regression preisgegebenes des Belachten und ein integer in Reserve gehaltenes des Lachenden; wenn der Belachte und der Lachende identisch sind, wird die Komik zum Humor. Der Lacher regrediert also und nimmt mit seiner Zuversicht des Zurückkommens zugleich einen Triumph über die personale Regression vorweg. Das Weinen setzt dagegen ein, wenn sich die Person unter der Wucht einer Bedrängnis auf einem Niveau personaler Emanzipation nicht halten kann, so dass sie in das Leben aus primitiver Gegenwart regrediert, von der Bedrängnis engend dicht an der primitiven Gegenwart vorbeigeführt, jedoch so, dass die Person an dieser vorbei im Sichausweinen den Ansatz eines neuen Niveaus personaler Emanzipation findet, statt auf das alte zurückzukehren. Beide Prozesse integrieren die Person durch Legierung von personaler Emanzipation mit personaler Regression, aber das Lachen führt nicht weiter, während das Weinen der Lebensgeschichte eine Entwicklungschance gibt.

Die Person hat ein zwiespältiges Verhältnis zu ihrer persönlichen Situation. Einerseits wird sie diese, den sich entwickelnden Hintergrund ihrer Lebensgeschichte, nicht los. Andererseits steckt sie nicht darin wie in einer Seele, sondern lebt ebenso präpersonal aus primitiver Gegenwart, nicht nur in Zuständen der Fassungslosigkeit, bei Lachen und Weinen, sondern auch bei allen unwillkürlichen motorischen Verrichtungen, z. B. beim glatten Kauen fester Nahrung, das ihr nicht wesentlich anders als den Tieren vom Munde geht. Ein gutes Beispiel für die Zwischenstellung der Person zwischen dem Leben aus primitiver Gegenwart und der durch Vereinzelung entfalteten Gegenwart ist das Sprechen. Einerseits bewirkt es die Vereinzelung durch Explikation von Bedeutungen aus Situationen in satzförmiger Rede. Andererseits entnimmt der Sprecher die Führung seiner Rede der Sprache als einer binnendiffus-ganzheitlichen zuständlichen Situation aus Programmen oder Rezepten für die Darstellung von Sachverhalten, Programmen und/oder Problemen, d. h. aus Sätzen. Er geht damit so routiniert um wie mit seinen beweglichen Gliedern, z. B. seinem Mundwerk beim achtlos glatten Kauen fester Nahrung: Er mustert nicht erst den Vorrat an Programmen, sondern greift blind hinein und holt als Könner treffsicher die Sätze heraus, die zu seiner Darstellungsabsicht passen, indem er sie erst durch seinen sprechenden Gehorsam als einzelne expliziert. Der Sprecher lebt also im Verhältnis zu seiner flüssig gesprochenen Sprache aus primitiver Gegenwart, im Verhältnis zu dem, was er bespricht, den in seiner Rede dargestellten Bedeutungen, aber in entfalteter Gegenwart.

Die Person lebt nicht nur in und – durch personale Regression und in unwillkürlicher Routine – unter ihrer persönlichen Situation, sondern steht dieser auch gegenüber wie einem Partner, ja einem Orakel, aus dem sie schlau werden muss. Das zeigt sich am deutlichsten bei schwierigen Lebensentscheidungen. Dann setzt gewöhnlich ein Hinundherüberlegen ein, das eigentlich nicht den Sinn eines zum Ziel fortschreitenden Räsonnements hat, sondern so etwas wie ein Kneten der persönlichen Situation ist, das dieser zu entlocken sucht, was angesichts der zur Entscheidung anstehenden Alternative zu ihr passt. Wenn sich das herausstellt, ist die Entscheidung gefallen, und das Räsonnieren wird abgebrochen. Ein sehr hübsches Beispiel dieser Verlaufsform gibt der Bericht des Mathematikers Hermann Weyl über das Zustandekommen seiner Entscheidung, den ehrenvollen Ruf von seinem Lehrstuhl in Zürich zur Nachfolge des berühmten Felix Klein in Göttingen abzulehnen: »Als sich die Entscheidung nicht länger aufschieben ließ, lief ich im Ringen mit meiner Frau stundenlang um einen Häuserblock herum und sprang schließlich auf ein spätes Tram, ihr zurufend: ›Es bleibt doch nichts anderes übrig als annehmen.‹ Aber dann muss es mir das fröhliche Treiben, das sich an diesem schönen Sommerabend um und auf dem See entfaltete, angetan haben: ich ging zum Schalter und telegraphierte eine Ablehnung. Meine Frau war natürlich bass erstaunt, als ich heimkam.«[41] Auf weniger dramatische Weise ist jedes Wollen, auch in banalen Zusammenhängen, von dieser Art. Es besteht aus den beiden Phasen der Bildung und der Realisierung der Absicht. Die Absichtbildung geschieht angesichts einer Herausforderung in einer Befragung der persönlichen Situation, eventuell mit diplomatischer Vermittlung divergenter Tendenzen in ihr. In dieser Phase ist Wollen eine Intelligenzleistung mit dem Ergebnis des Wissens, was man will, d.h. was gerade zur eigenen persönlichen Situation passt. So verhält es sich schon beim Wäh-

---

[41] Hermann Weyl, Gesammelte Abhandlungen Band 4, Berlin/Heidelberg/New York 1968 (zuerst 1955), S. 650. Reiches Material verwandter Art enthält das schöne Buch von Hans Thomae: Der Mensch in der Entscheidung, München 1961.

len von der Speisekarte im Wirtshaus. Die persönliche Situation ist dabei unauffällig engagiert durch die hintergründige Bedeutsamkeit der in die angebotenen Speisen investierten synästhetischen Charaktere, die Brückenqualitäten leiblicher Kommunikation sind, d. h. auch am eigenen Leibe gespürt werden können (III). Sartre hat sich bemüht, solche hintergründige Bedeutsamkeit am Beispiel des Klebrigen, besonders des gezuckerten Klebrigen (Honig), herauszuarbeiten.[42] Auf die gelungene Absichtbildung folgt die Realisierung in Gestalt der Zuwendung des vitalen Antriebs. In beiden Phasen kann das Wollen verunglücken. Wenn es aber gelingt, ist das gelungene Wollen auch schon Handeln, unabhängig davon, ob eine Körperbewegung beabsichtigt ist und dann erfolgt. Kopfrechnen ist ein Handeln wie Springen.

Die persönliche Situation ist in gemeinsame Situationen teils tief eingewachsen, teils locker eingefügt und umfasst viele partielle Situationen, die wie zähflüssige Massen in einer zähflüssigen Masse in ihr gleiten und sich reiben. Solche partiellen Situationen sind teils retrospektiv wie die Kristallisationskerne der Erinnerung, teils präsentisch wie die Standpunkte einer Person, ihre Fassung, die sie verliert, wenn sie die Fassung verliert, ihre Gesinnung (als Weise des Sicheinlassens auf das affektive Betroffensein), ihre Lebenstechnik (als Weise des Umgangs mit Problemen der Lebensführung), ihr Wortschatz, ihre habituellen Interessen; teils sind sie prospektiv als Vorzeichnungen, worauf die Person aus ist oder wovon sie weg will. Diese prospektiven partiellen Situationen sind ihr oft besonders schwer zugänglich und stehen in intensiver Wechselwirkung mit den retrospektiven.

Die persönliche Situation wird grundiert, wie die Oberstimmen im vierstimmigen musikalischen Satz durch den Bass, von einer persönlichen leiblichen Disposition, die darü-

---

[42] Jean Paul Sartre, L'être et le néant, Paris 1943 und öfter, S. 690–708: De la Qualité comme Révélatrice de l'Etre

ber entscheidet, wie der vitale Antrieb eingesetzt werden kann und welche Voraussetzungen, abgesehen von den spezifisch personalen, für die Empfänglichkeit, die Resonanz auf ergreifende Gefühle, bestehen. Zwar fallen auch protopathische und epikritische Tendenz sowie leibliche Richtung, die unumkehrbar aus der Enge in die Weite führt, für die leibliche Disposition als mitbestimmende Faktoren ins Gewicht, aber maßgeblich sind immer Stärke und Bindungsform des vitalen Antriebs. Ein schwacher Antrieb behindert die integrierende Einfügung der Episoden der Lebenserfahrung in die persönliche Situation; die Persönlichkeit rundet sich gleichsam nicht ab. Bei hinlänglicher Stärke kann die Bindungsform der Komponenten Engung und Weitung nach drei Seiten variieren, die ich mit den von mir auf Unterschiede der leiblichen Disposition umgewidmeten Typenbezeichnungen von Kretschmer und Veit markiert habe. Bei kompakter Bindung, in der (wie akut bei Schmerz und Einatmen, Heben und Ziehen) Spannung und Schwellung zäh zusammenhängen, ist die Empfänglichkeit eher stumpf, dafür die Belastbarkeit groß, aber ohne Chance elastischen Ausweichens zur Kompensation von Belastungen; daher stauen sich diese nach übermäßiger Schwere oder Dauer, und die Stauung kann nur durch ruckartigen Wechsel des Antriebsniveaus nach oben (im Extremfall Explosion) oder unten (bis zum Zusammenbruch) abgeführt werden. So ergibt sich der Typ des Bathmothymikers, des Stufenmütigen, nach Veit, der diese Menschen sehr fein in Phlegmatiker, die schwer in Bewegung zu setzen sind, und Dynamiker, die schwer anzuhalten sind, einteilt; bei jenen überwiegt im kompakten vitalen Antrieb die Spannung, bei diesen die Schwellung. Die leibliche Disposition des Zyklothymikers ist dagegen zum rhythmischen Schwanken des Übergewichts von Spannung bzw. Schwellung begabt und daher von ergreifenden Gefühlen leicht zur Resonanz aufwühlbar. Der vitale Antrieb des Schizothymikers, dessen leibliche Disposition die Abspaltung privativer Engung aus der Spannung und privativer Weitung aus der Schwellung begünstigt, ist resonanzfähig nicht durch rhythmischen Wellenschlag von Engung und Weitung, sondern durch Spaltung. Er kann einerseits in die Enge getrieben, verschüchtert, bestürzt, von Sorgen bedrängt werden, andererseits leicht und beflügelt abheben; diese Labilität kompensiert der Schizothymiker durch die Lizenz privativer Weitung, die Enge des Leibes teilweise zu verlassen, sich in personaler Emanzipation über die Situation zu stellen und ironisch oder strategisch, und sei es auf komplizierten Umwegen, in der Bahn zu bleiben. Merkwürdiger als die persönlichen leiblichen Dispositionen sind die in Populationen und Zeitaltern kollektiv dominanten. Man kann ihren Wechsel fast mit Händen greifen, wenn man das nervöse, überspannte Zeitalter der Ohnmachten, des Zitterns, der großen Visionen und Berauschungen zwischen Richard Wagner und Hitler mit dem folgenden Zeitalter robuster, aber stumpfer, nur noch für starke und grobe Reize empfänglicher Vitalität (bis zur Gegenwart) vergleicht, eine schizothyme mit einer bathmothymen Disposition; auch auf den künstlerischen Stilwandel wirkt sich dieser Wechsel kollektiv dominanter leiblicher Dispositionen aus.[43]

Die persönliche Situation besteht hauptsächlich aus Bedeutungen (Sachverhalte, Programme, Probleme und ihre binnendiffus-ganzheitlichen Komplexe). Das Eigene einer Person füllt aber eine weitere Sphäre, zu der alle Sachen gehören, an denen sie in affektivem Betroffensein gleichsam hängt, freundlich oder feindlich. Diese weitere Sphäre suche ich durch den Begriff der persönlichen Eigenwelt in der persönlichen Welt zu fassen. Die persönliche Welt einer Person besteht aus ihrer persönlichen Eigenwelt und ihrer persönlichen Fremdwelt. Zur *persönlichen Eigenwelt* einer Person gehören alle

[43] Vgl. Hermann Schmitz: Leib und Gefühl, 3. Auflage Bielefeld/Locarno 2008, S. 317–352; System der Philosophie Band II Teil 2, Bonn 1966, in Studienausgabe 2005, S. 257–298

Bedeutungen, die für sie subjektiv sind, und alle Sachen, für die der (tatsächliche oder untatsächliche) Sachverhalt, dass sie existieren, von dieser Art ist. Zur *persönlichen Fremdwelt* gehören alle Bedeutungen, die durch Neutralisierung (= Objektivierung) die Subjektivität für sie verloren haben, und alle Sachen, für die der (tatsächliche oder untatsächliche) Sachverhalt, dass sie existieren, von dieser Art ist. (Untatsächliche Sachverhalte müssen berücksichtigt werden, weil zur persönlichen Welt einer Person viele Sachen gehören, die es gar nicht gibt, die sie z. B. hofft oder fürchtet, indem sie sich Illusionen hingibt.) Nach dem Verhältnis zwischen persönlicher Eigenwelt und persönlicher Fremdwelt unterscheiden sich drei Menschentypen des Extravertierten, des Introvertierten und des Ultrovertierten. Für den Extravertierten ist die Grenze zwischen beiden Teilwelten schwach gezogen, die Fremdheit der persönlichen Fremdwelt also unterbelichtet. Seine Gefahr ist einerseits die Zerstreuung, weil er sich nicht in die persönliche Eigenwelt zurückziehen kann, andererseits die naive Verbindung von heroischem Einsatz und paschahafter Beanspruchung: Weil ihm mehr oder weniger alle Sachen, mit denen er zu tun hat, *seine* Sachen sind, an denen er hängt, ist er bereit, sich für sie einzusetzen, will sie aber auch haben. Für den Introvertierten ist die Grenze zwischen persönlicher Eigenwelt und persönlicher Fremdwelt scharf gezogen, und seine Sorge gilt in erster Linie der persönlichen Eigenwelt. Seine Gefahr ist die Versteifung in eine Schutzhaltung an der bedrohten Grenze beider Teilwelten, sei es durch Abpanzerung, die den Anschein der Abstumpfung bewirken kann, oder durch Rückzug aus mimosenhafter Überempfindlichkeit. Beim Ultrovertierten ist die Grenze ebenso scharf gezogen wie beim Introvertierten, aber er geht über die persönliche Eigenwelt hinweg (daher »ultro«) und widmet seine Sorge, sein Engagement der persönlichen Fremdwelt, z. B. als Funktionär eines politischen oder wirtschaftlichen Betriebes, der für ihn um seiner selbst willen funktioniert, oder als Perfektionist einer unmenschlichen Sachlichkeit in den Rollen von Ingenieur, Mathematiker, Naturwissenschaftler, Mediziner.[44] Das wird möglich wegen der breiten Grauzonen, in denen die Subjektivität der Bedeutungen in Neutralität oder Objektivität ausläuft. Ein leichtes Grau dieser Art liegt schon über jeder Äußerung in eigener Sache. Wer wenigstens noch »Ich bin traurig« sagen kann, ist schon nicht mehr ganz so traurig wie einer, dem die Sprache versagt. Bei vielen Äußerungen von Menschen über sich selbst ist nicht leicht zu entscheiden, ob sie als Bekenner sprechen, denen das nahe geht und am Herzen liegt, was sie über sich sagen, oder ob sie in rein sachlicher Einstellung von sich wie von irgend einem Objekt reden; dann gehen beide Einstellungen in einander über. Für den Ultrovertierten ist schon so viel Subjektivität ausgelaufen, dass er den Rest, ohne ihn los zu werden, gleichsam in seine persönliche Fremdwelt nachwirft. Seine Gefahr ist es, über Leichen zu gehen, nicht nur über die der Mitmenschen, die er in seine persönliche Fremdwelt abschiebt, sondern auch über die Leiche des eigenen affektiven Betroffenseins, das sich aber nicht wirklich abtöten lässt, weil der Ultrovertierte dann sein Selbstbewusstsein (mit und ohne Selbstzuschreibung) und damit seine Personalität verlieren würde; die scheintote Leiche rumort in der persönlichen Eigenwelt und rächt sich manchmal an deren Überkippen in die persönliche Fremdwelt.

Die persönliche Situation ersetzt die abgeschlossene private Innenwelt der psychologistisch-reduktionistisch-intro-

---

[44] Ein typischer Ultrovertierter ist der (sächsische) Grundtoffel: »Er greift Wichtiges und Unwichtiges, Zweckvolles und Zweckloses, Alltägliches, Spezielles und Abseitiges mit dem gleichen verbissenen Ernst auf, dreht und wendet es umständlich und knorrig hin und her und sieht für die Dauer seiner handlichen und gedanklichen ›Untersuchung‹ nichts als den isolierten, unbezogenen Gegenstand seiner Frage.« »Allgemein interessieren ihn die Aufgaben als solche mehr als die eigene Leistung.« »Sich selbst ist er gewöhnlich uninteressant.« (Beck in: Menschenformen. Volkstümliche Typen, hg. v. v. Voß und Max Simoneit, Berlin 1941, S. 88–91, angeführt in: Hermann Schmitz, System der Philosophie Band IV, Bonn 1980, in Studienausgabe 2005, S. 406)

jektionistischen Vergegenständlichung in allen ihren Gestalten, nicht nur die Seele, sondern auch das Bewusstsein, das seit Descartes der Seele Konkurrenz macht und über Kant bis zu Husserl und Sartre zu ihrem Erben aufsteigt, mit so großem Einfluss, dass die ältere Phänomenologie sich als Bewusstseinsanalyse ausgibt, orientiert an angeblich im Bewusstsein vorgefundenen intentionalen Akten. Husserl prägte dafür den Slogan: »Alles Bewusstsein ist Bewusstsein von etwas.« In dieser Formel wird das Wort doppelsinnig verwendet. An der ersten Stelle bezeichnet es ein Sammelbecken von Inhalten des Bewusstseins; Husserl erwähnt Akte, hyletische Daten (d. h. Empfindungen) und Retentionen (Frischerinnerungen). An der zweiten Stelle bezeichnet es das Bewussthaben eines Bewussthabers, dem etwas bewusst ist. Nach meinem Dafürhalten gibt es das Bewusstsein im zweiten Sinn, das Bewussthaben, nicht aber das Bewusstsein im ersten Sinn, die Innenwelt. Das ist eine starke These, die weit verbreiteten vermeintlichen Selbstverständlichkeiten widerspricht. Ich stütze sie auf ein altes Argument für die Einfachheit des Bewussthabers oder, wie ich es wende, des Bewussthabens. Das Argument begegnet uns zuerst bei Plotin[45] mit einer für mich besonders interessanten Vorform bei Aristoteles[46], die sich auf die Beurteilung der Verschiedenheit von Daten verschiedener Sinne bezieht. Auch Plotin erwähnt die Verschiedenheit, stellt aber die Wahrnehmung von Komplexen in den Vordergrund. Ich werde mich ausschließlich auf das Beziehungsbewusstsein berufen. Als Beispiel wähle ich die Vorstellung der Ähnlichkeit von Sonne und Mond (als leuchtende Himmelskörper). Sie enthält drei Teilvorstellungen, die sich im Gegenstand nirgends überschneiden; denn weder ist der Ähnlichkeit etwas von der Sonne anzumerken, noch der Sonne etwas vom Mond

---

[45] 7. Schrift der 4. Enneade (2. Schrift in chronologischer Reihenfolge) Kapitel 6, Zeilen 1–34

[46] De anima 426b12–427a16

usw. Daher kann auch keine Zusammensetzung der drei Teilvorstellungen die Gesamtvorstellung erreichen, wie Kant – auf Komplexe statt auf Beziehungen bezüglich – in seinem verfehlten Widerlegungsversuch meinte, indem er die Gesamtvorstellung eines Verses aus den Teilvorstellungen der Wörter ebenso zusammensetzen wollte, wie »die Bewegung eines Körpers die zusammengesetzte Bewegung aller Teile desselben« sei.[47] Wenn man die Vorstellungen von Ähnlichkeit, Sonne und Mond zusammenstellt, kommen drei verknüpfte Vorstellungen mit getrennten Gegenständen heraus, aber nichts von der Ähnlichkeit zwischen der Sonne und dem Mond; das Bewussthaben dieser Ähnlichkeit ist in den Teilvorstellungen zwar fundiert, aber nicht aus ihnen zusammengesetzt. Daraus folgt die Einfachheit des Bewussthabens von Beziehungen beliebigen Komplexitätsgrades. Dieses Bewussthaben muss aber ebenso vielfach wie einfach sein, denn es umfasst alle Beziehungsglieder und ihr Verhältnis. Wie ist diese Vielfalt mit der Einfachheit verträglich?[48] Dieses Problem ist dasselbe wie am christlichen Trinitätsdogma das der Vorstellung, dass mehrere Personen trotz ihrer Verschiedenheit derselbe einfache Gott sein sollen.

Die Lösung des Rätsels ist nur so möglich, wie sie in der vierten Stunde mit dem Modell der Husserl'schen Puppe für die Zeit ausgeführt und für die Antinomien angedeutet wurde. Die Konkurrenz verschiedener Weisen des Bewussthabens um Identität mit demselben ist aber keine Quelle verwirrender Unruhe, weil anders als dort die Konkurrenten nicht miteinander unverträglich sind. Sie besteht nur darin, dass die Teilvorstellungen, von denen jede für sich einzeln und von jeder anderen deutlich unterschieden ist, im einfachen Beziehungsbewusstsein (genauer: Bewussthaben der Beziehung zwischen ihnen) so unendlich schwach unentschieden sind, dass weder

[47] Kritik der reinen Vernunft, Riga 1781, S. 353

[48] Ein ähnliches Problem beschäftigt schon Aristoteles, siehe Anmerkung 46

ihre Identität noch ihre Verschiedenheit in der Gesamtvorstellung feststeht, noch Unentschiedenheit darüber, noch endlichfach iterierte Unentschiedenheit (in der Weise, dass unentschieden wäre, ob dies unentschieden ist, oder unentschieden wäre, ob unentschieden ist, ob dies unentschieden ist usw. ad infinitum). In der Grauzone unendlichfacher Unentschiedenheit versagen alle diese Festlegungen. Vielmehr liegt eine Mannigfaltigkeit anderen Typs vor als die numerische Mannigfaltigkeit einzelner Sachen, eine Mannigfaltigkeit, die auch durch keine synthetische Einheit, keine Zusammensetzung, zu erreichen ist; ich spreche von instabiler oder ambivalenter Mannigfaltigkeit, in der Einfachheit des Ganzen und Vielfachheit der Teile durch Konkurrenz der Teile um Identität mit dem Ganzen verträglich werden. Von dieser Art ist das Bewussthaben von Beziehungen und sogar jederlei Bewussthaben einzelner Sachen (Sache hier = etwas überhaupt). Einzeln ist, was eine Anzahl um 1 vermehrt. In dieser Vorstellung ist die Verschiedenheit von dem um 1 verminderten Zustand enthalten. Insofern ist jede Vorstellung einer einzelnen Sache ein Beziehungsbewusstsein.

Es war der Fehler der Bewusstseinstheoretiker von Descartes bis zu Husserl und seinen Epigonen, ein Bewusstsein mit numerischer Mannigfaltigkeit vieler Bewusstseinsinhalte und deren Arrangement anzunehmen[49], statt eines ambivalent mannigfaltigen Bewussthabens, das in unendlichfacher Unentschiedenheit zwischen Einfachheit und Vielfachheit sehr wohl fähig ist, gleichzeitig viele einzelne Themen oder Gegenstände zu haben und scharf zu unterscheiden. Man hat ein Körpermodell aus der Außenwelt in eine Innenwelt projiziert, die es

[49] Bezeichnend für dieses Arrangement ist Husserls Feststellung: »Z. B. der Akt, der dem Namen *das Messer auf dem Tische* entspricht, ist offenbar zusammengesetzt. Der Gegenstand des Gesamtaktes ist ein Messer, der Gegenstand eines Teilaktes ist ein Tisch.« (Logische Untersuchungen 2. Band, 1. Teil, 5. Untersuchung § 17, 4. Auflage Halle a. d. S. 1928, S. 402)

so nicht gibt, mit lauter einzelnen Bewusstseinsinhalten als Partikeln oder Figuren in ihr, dem Geist, den Hume einem Theater verglich.[50]

[50] A treatise of human nature ed. Selby-Bigge, Oxford 1888, Reprint 1951, S. 253

Siebente Stunde: Die Freiheit

An das Ende des Buches stelle ich das Problem der Freiheit. Angesichts dieser Herausforderung erhält die philosophische Reflexion höchste praktische und für besonnene menschliche Lebensführung unentbehrliche Wichtigkeit, denn dabei steht einerseits die sittliche Verantwortlichkeit der Person als solche und als Voraussetzung eines berechtigten vergeltenden Strafens auf dem Spiel, andererseits der Lebensmut, sofern er aus dem Vertrauen auf die eigene unabhängige Initiative geschöpft wird, d.h. darauf, dass es für etwas auf die Person als Urheber ankommt und nicht alles von selbst abläuft. Mit ideologischem Eifer versuchen seit Jahrhunderten Naturalisten wie La Mettrie und Nietzsche, Juristen wie Franz v. Liszt, Gehirnforscher und materialistische Philosophen dem Publikum ein »neues Menschenbild« beizubringen, das den Menschen als spontan oder determiniert mitwirkenden Automaten ohne eigene Verantwortung beschreibt. Wenn es dafür triftige Gründe gäbe, könnte man diese Giftpille schlucken, obwohl die Folgen viel verwirrender und lähmender wären, als naive Deterministen es sich vorstellen. Wenn dieses »neue Menschenbild« aber auf kurzsichtigem und unklarem Denken beruht, hat die Philosophie allen Anlass, die Verführung abzuwehren, damit die Menschen nicht in ihrem Selbstverständnis um sich selbst betrogen werden. Allerdings haben die Naturalisten für Unzulänglichkeiten ihrer Argumentation die Entschuldigung, dass die seit Platon die Diskussion beherrschende philosophische Tradition solche Abweichungen vom Weg der gründlichen

Analyse durch die entgegengesetzte Abweichung begünstigt hat: durch den Versuch, die Freiheit als Trumpfkarte der selbstherrlichen Vernunft und ihres gebieterisch entscheidenden Wollens gegen das Unwillkürliche im menschlichen Leben auszuspielen. Meine Untersuchung des Freiheitsproblems soll die Fehler der Naturalisten und der Idealisten gleichermaßen korrigieren. Diese Untersuchung ist vielleicht die komplizierteste, die ich unternommen habe. Ihre Ergebnisse sind in meinem Buch *Freiheit*[51] zusammengefasst, mit der Bitte im Vorwort, nur noch diese Darstellung meiner Theorie als die von mir autorisierte zu berücksichtigen. Daran werde ich mich in der folgenden Skizze halten, indem ich die Details dort nachzusehen bitte.

Ich übergehe die hinsichtlich ihrer Möglichkeit unproblematische bürgerliche, politische und körperliche Freiheit, die in Abwesenheit von Zwang – einer dem eigenen Bestreben unwiderstehlich entgegentretenden Gewalt – und Verfügbarkeit eines für die Bedürfnisse hinlänglichen Spielraumes der Beliebigkeit besteht, und eiche die Freiheit an sittlicher Verantwortung, die ich so definiere: Ein Subjekt S hat *sittliche Verantwortung* für eine Tatsache T, wenn es nur vom Verhältnis der Tatsache T zu sittlichen Normen abhängt, ob S für T sittliches Lob oder sittlichen Tadel verdient. Freiheit ist dann zu verstehen als Existenz eines nicht-trivialen Äquivalents sittlicher Verantwortung, d.h. einer für sie sowohl notwendigen als auch zureichenden Bedingung, die nicht aus der Verantwortung logisch folgt, wie z.B. sie selbst als ihre sowohl notwendige als auch zureichende Bedingung. Die Existenz von Freiheit ist also bewiesen, wenn es gelingt, ein solches nichttriviales Äquivalent – eine *Gestalt der Freiheit* – nachzuweisen.

An nächster Stelle suche ich nach einem Kriterium der Freiheit, d.h. nach einer Instanz, die unabhängig vom eigenen

---

[51] Hermann Schmitz, Freiheit, Freiburg i. Br./München 2007, 162 S.

Ermessen zu entscheiden gestattet, ob ein Vorschlag einer Gestalt der Freiheit ausreicht. Ich finde diese Instanz in dem in der heutigen (»westlichen«) Zivilisation verbreiteten normalen sittlichen Verantwortungsbewusstsein, das ich aber nicht an den Überzeugungen der Leute ablese, die weit von einander abweichen und von vielen (namentlich dogmatischen) Einflüssen bestimmt sein können, sondern an ihren typischen spontanen Beurteilungen, denen ich entnehme, welche Merkmale zu einer Gestalt der Freiheit gehören und welche nicht dazu gehören, obwohl die Menschen vielfach vom Gegenteil überzeugt sind. Dies sind die Ergebnisse der Prüfung: *Zur Freiheit gehören* eigene Initiative, Unabhängigkeit dieser Initiative und Rechenschaftsfähigkeit. Eigene Initiative besteht darin, selbst etwas zu tun oder zu lassen, so dass es nicht ohne eigenes Zutun oder Zulassen zur Tatsache wird. Die Unabhängigkeit besteht darin, dass die Initiative bei ihrer Ausübung nicht von einer von ihr verschiedenen Macht, die das eigene Tun und Lassen zureichend bedingt, gesteuert wird. *Macht* ist Steuerungsfähigkeit, d. h. die Fähigkeit, einen Vorrat beweglicher Sachen (im weitesten Sinn von »etwas überhaupt«) in gerichtete Bewegung (im weitesten, auch z. B. auf Gefühle bezüglichen Sinn) zu versetzen, diese Bewegung im Verlauf zu führen und anzuhalten, sowie der Inhaber einer solchen Fähigkeit. *Rechenschaftsfähigkeit* ist das Personen vorbehaltene Vermögen, das eigene Tun und Lassen mit Überlegung zu begleiten, die sich auf daran beteiligte einzelne Umstände, Normen sowie die eigene Person bezieht. *Nicht zur Freiheit gehören*: Macht über das eigene Verhalten, Wählenkönnen und Anderskönnen. *Nicht Macht*: Wem die Fähigkeit zur Steuerung seines Verhaltens (Tuns und Lassens) entglitten ist, der kann sich dem Unwiderstehlichen immer noch widersetzen oder überlassen und dadurch frei sein. *Nicht Wählenkönnen*: *Wählen* ist das Verhalten, sich in der Überzeugung von mehreren Möglichkeiten eigenen Verhaltens wissentlich darauf zu beschränken, von diesen höchstens einige (nicht alle) zu verwirklichen. Nach Maßgabe des normalen sittlichen Verantwortungsbewusstseins gibt es wenigstens zwei Möglichkeiten, ohne Wählenkönnen frei, d.h. sittlich verantwortlich zu sein: unbewusste Fahrlässigkeit und spontane Handlungen. Bei unbewusster Fahrlässigkeit fehlt es an Kenntnis der einschlägigen mehreren Möglichkeiten eigenen Verhaltens; sittlich vorwerfbar ist dann nicht ein Willensmakel, sondern ein Gesinnungsmakel, nämlich der Leichtsinn, sich nicht mit gebührender Sorgfalt um Kenntnis der betreffenden Möglichkeiten gekümmert zu haben. Spontane Handlungen: Unverzügliche Reaktionen, z.B. mit Tapferkeit oder Feigheit angesichts erschreckender Gefahren, können dem Reagierenden sittliches Lob oder sittlichen Tadel einbringen, obwohl er so schnell reagiert hat, dass keine Zeit zur Kenntnisnahme von mehreren Möglichkeiten eigenen Verhaltens war. *Nicht Nichtanderskönnen*: Das Anderskönnen besteht im Wählenkönnen, ergänzt durch die beiden Merkmale der Wahrheit der Überzeugung und der Unabhängigkeit der Selbstbeschränkung.

An dieser Stelle mag ein Seitenblick auf die Freiheitsdiskussion in der gegenwärtigen analytischen Philosophie den vorhin erhobenen Vorwurf unklaren Denkens der Naturalisten in einer Hinsicht bestätigen. Die analytische Philosophie lässt es bei diesem Thema gerade an der gehörigen Analyse, von der sie den Namen hat, fehlen. Der Begriff des Wählens wird nicht in der angegebenen Weise unter die Lupe genommen, sondern, soweit mir bekannt ist, undefiniert stehen gelassen; davon ist die Folge, dass das Nichtanderskönnen mit dem kausalen Determinismus gleichgesetzt und die Möglichkeit verkannt wird, dass zwar der kausale Determinismus mit Freiheit unverträglich ist, weil er die Unabhängigkeit der Initiative aufhebt, nicht aber das Nichtanderskönnen, dem zwar das für Freiheit entbehrliche Wählenkönnen fehlt, deswegen aber nicht schon notwendig die unabhängige Initiative.

Durch den Nachweis, dass unabhängige Initiative eine notwendige Bedingung jeder Gestalt der Freiheit ist, erweitert sich die Tragweite des Freiheitsproblems auf die Berechtigung des Lebensmutes, sofern dieser von dem Vertrauen des Menschen abhängt, dass auf seinen Einsatz, seine unabhängige Initiative, etwas ankommt und das Geschehen nicht gleichgültig gegen das, was er von sich aus tun und lassen kann, abläuft. Die Resignation, dass eigener Einsatz sinnlos ist, würde dem Lebensmut den Schwung und die Frische nehmen. Dagegen hilft auch nicht der Hinweis, dass es dem eigenen Interesse zuwiderläuft, die Hände in den Schoß zu legen: der schon aus der Antike bekannte Einwand gegen die faule Vernunft. Dadurch kann allenfalls ein Impuls ausgelöst werden, der sofort durch die Überzeugung von der Sinnlosigkeit des Einsatzes gehemmt wird, und dann widerfährt dem Menschen dasselbe wie dem Auto, wenn man zugleich Gas gibt und auf die Bremse tritt: Er gerät ins Schleudern, er verliert die Spur.

Die naturalistische Bestreitung der Freiheit ruht heute auf zwei Säulen. Die eine ist der von materialistischen Naturforschern mit aggressiver Lautstärke im breiten Publikum verfochtene Determinismus einer kausalen Steuerung alles menschlichen Verhaltens durch Vorgänge im Gehirn. Zur Auseinandersetzung damit gehört eine grundsätzliche erkenntnistheoretische Prüfung der Tragweite naturwissenschaftlicher Erkenntnis; ich habe sie in *Freiheit*[52] vorgelegt und begnüge mich hier mit diesem Hinweis, da es an dieser Stelle zu weit führen würde, die komplexe Problematik anzuschneiden. Die andere Säule besteht in dem von der analytischen Philosophie wieder aufgenommenen Dilemma der Wahl zwischen Determinismus und Indeterminismus, wenn dieses Paar als vollständige Disjunktion, als unausweichliche Alternative, verstanden wird. Beide sind nämlich für unabhängige Initiative tödlich. Der Determinismus vereitelt die Unabhängigkeit, da die Fremdbestimmung so weit getrieben wird, dass die Initiative selbst, sei sie auch nur Ergebung oder Widersetz-

[52] Wie Anmerkung 51, S. 94–105: Der naturwissenschaftliche Determinismus

lichkeit im Verhältnis zum Unvermeidlichen, einer von ihr verschiedenen Steuerung unterliegt. Der Indeterminismus vereitelt die Initiative, da man ein Geschehen, das durch nichts gesteuert wird, auch nicht selbst tun oder lassen kann, denn dann würde man es steuern, eventuell gar durch Unterlassen. Dies gilt auch für eine durch nichts gesteuerte eigene Initiative, ein Selbertun der Person, das nicht abermals durch ihre Initiative gesteuert wäre, denn das wäre ein bloßer Einfall, wie eine spontan hervorbrechende verbale Äußerung, ein nicht selber getanes und damit vereiteltes Selbertun.

Die analytische Philosophie auf ihrem gegenwärtigen Stand resigniert vor dem Dilemma der Wahl zwischen Determinismus und Indeterminismus, indem sie Freiheit entweder für unmöglich erklärt oder, da der Ausweg in den Indeterminismus ihr doch nichts helfe, beim Determinismus unterbringt (sogenannter Kompatibilismus). Der Kompatibilist ahnt nicht, in welche Schlinge er seinen Hals steckt, da er die begriffliche Analyse des Wählens unterlassen hat. Deterministische Überzeugung verhindert das Wählen, weil aus ihr folgt, dass die Person bezüglich einer Herausforderung immer nur eine einzige Möglichkeit des Verhaltens hat, nämlich die, zu der sie determiniert ist; zum Wählen gehört aber die Überzeugung von mehreren Möglichkeiten eigenen Verhaltens, und der ehrlich überzeugte Determinist müsste also angesichts einer Herausforderung die Überzeugung haben, nur eine einzige, aber nicht nur eine einzige Möglichkeit der Stellungnahme dazu zu haben. Diesen glatten Widerspruch in seiner Überzeugung kann man ihm nicht zutrauen. Also kann er nicht wählen, nicht einmal im Restaurant von der Speisekarte. Dann kann er sich aber auch nicht rational verhalten, sondern nur noch sich treiben lassen wie ein Betrunkener. Nichtig ist auch die Gegenbehauptung, er müsse sich entscheiden, da er nicht vorhersehen könne, wie er sich entscheiden wird. Er braucht sich ja nicht zu entscheiden, sondern kann geschehen lassen, was kommt. Der konsequente Indeterminist hätte etwas bessere

Chancen als der Determinist. Zunächst hindert ihn nichts, an mehrere Möglichkeiten seines Verhaltens zu glauben. Die Entscheidung, welche er wählt, kann er zwar nicht selbst in die Hand nehmen, da sie nicht mehr indeterminiert wäre, wenn er die Initiative dazu ergriffe, aber er kann in einem eingeschränkten Sinn sich selbst beschränken, indem er die Entscheidung einem – vielleicht guten – Einfall überlässt, der ihm nach seiner Einschätzung ohne jede Steuerung kommt.

Wenn die Freiheit zwischen der Skylla Determinismus und der Charybdis Indeterminismus durchkommen sollte, wird sie als unabhängige Initiative jedenfalls in einer Kausalität bestehen. Daher vermengt sich das Freiheitsproblem mit dem Problem der Kausalität. Diese ist ein sehr undurchsichtiger, begrifflich nicht vollständig aufklärbarer, aber unentbehrlicher Bestandteil der normalen Lebenserfahrung. Zu einer Ursache gehören die beiden Merkmale des aktiven Bewirkens – als unbestreitbare Erfahrung gegeben in der erlittenen Kausalität der Halbdinge (aufdringlicher Schmerz, Wind, reißende Schwere, elektrischer Schlag) – und das Zureichen des Bewirkens für den Erfolg. Ursache und Erfolg oder Effekt – man sagt auch »Wirkung«, was aber zweideutig auf Einwirkung und auf Erfolg bezogen werden kann – müssen, wenigstens im Zusammenhang mit dem Freiheitsproblem, als Tatsachen, nicht als Dinge oder Ereignisse verstanden werden. Dafür gibt es zwei Gründe: 1. Der Zusammenhang zwischen Ursache und Erfolg lässt sich nur in einem Kausalsatz darstellen, der zwei Aussagen mit Konjunktionen wie »weil« oder »da« zusammenstellt; jede dieser Aussagen stellt eine Tatsache dar, und nur auf diese Weise ist genau abzugrenzen, was zur Ursache und zum Erfolg gehört. 2. Sittliche Verantwortung gibt es auch für Unterlassungen, also müssen auch diese, wenn es Freiheit gibt, unabhängige Initiativen und Ursachen sein, aber das können sie nur als Tatsachen; denn kein Ereignis, kein Ding, wohl aber ein Sachverhalt kann darin bestehen, dass etwas nicht getan wird. In übertragenem Sinn können aber auch Ereignisse Ursachen sein, wenn nämlich die Ursache in der Tatsache besteht, dass das Ereignis existiert. Eine Person kann nicht direkt Ursache sein, sondern nur *Urheber* durch eine Beschaffenheit, die die Ursache ist. Diese Beschaffenheit muss, um zur Initiative zu reichen, der Person in hinlänglich intimer Weise angehören; sie darf nicht in irgendeiner Äußerlichkeit wie der Anzahl der Haare auf dem Kopf bestehen. Nicht intim genug wäre auch eine Initiative, die sich gänzlich unbewirkt einstellte, ohne kausalen Zusammenhang mit der Person, von ihr abermals getan zu sein. Dadurch wird das Konzept der Täterkausalität entwertet, das die sittliche Verantwortung einer solchen unbewirkten Initiative zuschreibt. Zwischen den beiden Merkmalen der Ursache, dem aktiven Bewirken und dem Zureichen für den Erfolg, besteht meist ein großer Unterschied im erforderlichen Ausmaß der Ursache. Für das Zureichen ist außer dem aktiven Kern meist eine große Menge weiterer Umstände erforderlich, im Fall der Ermordung Caesars z. B. außer dem mörderischen Tun der Verschwörer die Beschaffenheit des von Luft erfüllten Zwischenraumes und die Verletzlichkeit von Caesars Körper. Der aktive Kern ist dagegen im Fall der Initiative, dass jemand etwas selber tut, auf ihn als Urheber und seine Urheberschaft eingeschränkt. Für das Zureichen zum Erfolg ist diese auslösende Ursache aber in den meisten Fällen nur ein kleiner Teil der vollständigen Ursache.

Jetzt ist die Untersuchung reif zur Prüfung der entscheidenden Frage, ob die Freiheit gerettet werden kann: ob es gelingt, sie zwischen Skylla und Charybdis, Determinismus und Indeterminismus, durchzubringen. Wenn das nicht glückt, ist es um die sittliche Verantwortung geschehen, und ebenso um den Lebensmut der Menschen, sofern er auf dem Vertrauen beruht, dass es für etwas darauf ankommt, dass die Person etwas selber tut und nicht bloß mit sich geschehen lässt. Falls nur der Determinismus übrig bleibt, wäre mit der Überzeugung von seiner Richtigkeit jedes Wählen und damit jedes rationale Verhalten, jede willkürliche Selbststeuerung unmöglich geworden. (Wenn sogenannte Deterministen keine solchen Mängel erkennen lassen, beweist das nur, dass sie von ihrem Bekenntnis zum Determinismus nicht wirklich durchdrungen sind.) Der Determinismus blockiert die Unabhängigkeit der Initiative dadurch, dass jede Tatsache von anderen Tatsachen gesteuert wird; der Indeterminismus vereitelt die Initiative selbst, denn, wenn eine Tatsache gänzlich unbewirkt ist, kann sie auch nicht ihr Urheber selber tun. Es gibt aber noch eine dritte Möglichkeit, nämlich die Selbstbewirkung, dass eine Tatsache Ursache ihrer selbst ist. In diesem Fall ist sie nicht unbewirkt im Sinne des Indeterminismus, aber sie braucht auch nicht von anderen Tatsachen bewirkt zu sein. Für solche Selbstbewirkung gibt es im Bereich der objektiven Tatsachen nicht den geringsten Anhaltspunkt. Im Besonderen ist der Wille für solche Selbstbewirkung ungeeignet, weil das Wollen immer über sich hinaus auf einen Erfolg strebt. Freiheit als Selbstbewirkung der unabhängigen Initiative kann also keine Willensfreiheit sein, jedenfalls keine spezifische; durch andere Merkmale als die begrifflich zum Wollen gehörigen könnte eventuell auch dieses frei sein. Im Bereich der objektiven Tatsachen und bei der Eigenart des Wollens ist die Freiheit also nicht zu finden.

Viel besser wird die Aussicht, wenn wir uns zu den subjektiven Tatsachen des affektiven Betroffenseins wenden. Affektives Betroffensein hat die passive Seite, von etwas betroffen zu werden. Bloß passive Betroffenheit wäre aber nicht affektiv; das wird sie erst dadurch, dass der Betroffene in Anspruch genommen wird, d.h., dass er in irgend einer Weise mitmachen, sich auf das betroffen Machende einlassen muss. Für das affektive Betroffensein von Gefühlen, die Ergriffenheit, habe ich in der fünften Stunde gezeigt, dass sogar ein anfängliches Verfallen an den Impuls des Gefühls dazu gehört, ehe die Person mit Preisgabe und/oder Widerstand eingreifen kann. Im Fall leiblicher Regungen ohne Ergriffenheit ist der Spielraum des anfänglichen Mitmachens meistens größer, aber es fehlt keineswegs, z. B. im Fall des Hungers, indem man ihn mürrisch, geduldig, jammervoll oder aggressiv erträgt. Diese aktive Seite des affektiven Betroffenseins, die mit dem Erleiden der Betroffenheit unzertrennlich verschmolzen ist, bezeichne ich als die in das affektive Betroffensein investierte *Gesinnung*. Erst durch sie wird die Subjektivität des affektiven Betroffenseins gezündet oder gestiftet. Ohne diese ursprünglich unbeliebige, zusätzlich vom Belieben der Person überformbare Selbstverstrickung wäre das Betroffensein ein neutrales Geschehen, dem der Betroffene wie ein fremder Beobachter nur zusehen könnte. Das ist wirklich der Fall bei der zuerst von Bälz und auch von anderen beschriebenen Emotionslähmung.[53] Bei überwältigenden Katastrophen, die wie Erdbeben, Kriegsereignisse, Flugzeugabstürze das affektive Betroffensein überfordern, setzt dieses manchmal aus; der Mensch steht bei klarem Verstand, über sich orientiert, gleichsam neben sich und, was geschieht, geht ihn nichts mehr an. Das Betroffensein wird noch erlebt, aber der Betroffene lässt sich nicht mehr darauf ein; die Gesinnung hakt oder klinkt gleichsam aus. Sie ist also die aktive Bewirkerin der Subjektivität für den Betroffenen im affektiven Betroffensein und damit der für ihn subjektiven Tatsachen. Eine davon ist sie selbst, verstanden als Tatsache ihrer Existenz. Für die für jemand subjektiven Tatsachen reicht seine Gesinnung (als Tatsache) im Allgemeinen nicht zu, wohl aber für sich selbst; denn jede Tatsache ist für sich selbst zureichend. Im Verhältnis der Gesinnung zu sich selbst verbinden sich also die beiden zum Bewirken gehörigen Merkmale, kausale Aktivität für alle subjektiven Tatsachen des Gesonnenen und damit für sich selbst und Zureichen. Damit ist die gesuchte Selbstbewirkung gefunden. Die Gesinnung eignet sich als unabhängige Initiative dessen, der sie hat, zur Selbstbewirkung im Gebiet der subjek-

[53] Zeugnisse in *Freiheit* S. 66–69

tiven Tatsachen und erfüllt, falls er überdies als Person rechenschaftsfähig ist, die Ansprüche an eine Gestalt der Freiheit, so dass behauptet werden darf: *Der personale, rechenschaftsfähige Mensch ist durch seine Gesinnung für seine Gesinnung sittlich verantwortlich.*

Dieser Schluss wäre voreilig, wenn die für jemand subjektiven Tatsachen durch seine Gesinnung im affektiven Betroffensein nicht selbst gestiftet und hervorgebracht, sondern nur mit einem Zusatz von Subjektivität zu übrigens objektiven Tatsachen versehen würden. Das ist aber unmöglich, wie sich schon unter (III) gezeigt hat. Die für jemand subjektiven Tatsachen sind immer reicher als die nur durch Abschälung der Subjektivität erreichbaren objektiven Tatsachen, aber nicht von diesen her durch Zusätze zu erreichen. Das gilt sogar für die Kausalität. Keine subjektive Tatsache kann eine objektive zur Ursache haben, weil sie dann als deren Effekt gekennzeichnet werden könnte, und das Zutreffen dieser Kennzeichnung wäre wieder eine objektive Tatsache, von der offen bliebe, ob es sich um mich und das Meinige handelt; denn, wie ich in der dritten Stunde gesagt habe, liegt in allen objektiven Tatsachen über mich nichts, das mehr auf mich hinwiese als auf Alexander den Großen. Nur indem ich mich in den subjektiven Tatsachen meines affektiven Betroffenseins vor allen objektiven Tatsachen finde und aus diesen subjektiven Tatsachen durch Abschälung der Subjektivität für mich sich objektive Tatsachen herausstellen, gibt es einen Rechtsgrund, zu sagen, dass ich Hermann Schmitz und nicht irgendein Anderer bin. Diese Sachlage ist zur Abweisung eines Einwandes geeignet, den man mir gemacht hat: die Gesinnung könne doch ebenso kausal gesteuert werden wie irgendein anderes Ereignis in der Welt. Als Beispiel dient immer wieder der amerikanische Bauarbeiter Phineas Gage, dem bei einer Explosion eine Eisenstange durch sein Stirnhirn getrieben wurde. Danach verwandelte er sich aus einem soliden, zuverlässigen Arbeiter in einen unberechenbaren, verlogenen, betrügerischen Außenseiter, ohne dass sein Verstand gelitten hätte. Die objektive Tatsache, dass in einem Komplex von Ereignissen und Zuständen, die man mit dem Namen »Phineas Gage« versieht, durch den Unfall eine andere Gesinnung bewirkt worden ist, ist unbestreitbar. Das gilt aber nicht für die subjektive Tatsache, die Gage und nur er mit den Worten hätte aussagen können: »Ich, Phineas, war früher ein Mann von zuverlässiger Gesinnung, aber nun hat der Unfall diese gründlich verschoben.« Diese für Phineas Gage subjektive Tatsache ist von ganz anderer Art und durch die objektive Tatsache des Unfalls kausal nicht erreichbar.

Menschliche Freiheit ist also nicht Willensfreiheit, sondern Gesinnungsfreiheit, wobei allerdings der Wille, sofern er am affektiven Betroffensein teilhat und von der Gesinnung durchzogen ist, gleichfalls frei sein kann, aber nicht mehr als der Hunger oder der Schmerz. Man hätte längst schon darauf aufmerksam werden können, dass sittliche Verantwortung als Verdienen von Lob und Tadel, und damit Freiheit als deren nicht-triviales Äquivalent, keineswegs nur an Betätigungen des Willens haften, sondern auch die Gesinnung ohne Beteiligung des Willens betreffen können. Das gilt für genüssliche Schadenfreude, neidische Herabsetzung, Spaß an fremdem Elend (auch ohne Schadenfreude), die sittlichen Tadel für üble Gesinnung verdienen, während man sich schon sehr verrenken müsste, um sie in Wollungen umzudeuten (mit denen sie allerdings verbunden sein können). Ausgeschlossen ist solche Umdeutung bei unbewusster Fahrlässigkeit, denn das Unbewusste besteht ja darin, dass die Person sich das, was sie sollte, gar nicht klar gemacht hat, so dass sie es erst recht nicht wollen kann. Dennoch kann unbewusste Fahrlässigkeit schwere Schuld sein, aber als Gesinnungsmakel durch Leichtsinn oder Rohheit. Nicolai Hartmann gebührt das Verdienst, dass er die Einschränkung sittlicher Freiheit auf Willensfreiheit als zu eng empfunden und dafür an die Gesinnung erinnert hat, aber nur, um über diesen Einfall gleich wieder hinwegzugehen, weil sich der Ausdruck »Willensfreiheit« nun einmal eingebürgert habe[54], und nicht mehr darauf zurückzukommen.

Nachdem nun eine Gestalt der Freiheit nachgewiesen ist, bleibt noch das Verhältnis der Freiheit zur Macht zu prüfen. Dabei kann es sich nicht mehr um die Macht des Willens handeln, sondern nur um die Macht der Gesinnung. Diese hängt davon ab, ob sie etwas, das ohne sie nicht eingetreten wäre, außer ihr selbst bewirken kann. Wenn dies nicht der Fall ist, ist die freie Gesinnung zwar ohnmächtig, aber immer noch frei und Quelle sittlicher Verantwortung, denn der rechenschaftsfähige Mensch bleibt durch seine Gesinnung für seine Gesinnung sittlich verantwortlich. Aber mit der Ermutigung aus der Resignation, dass alles mit der Person geschieht, ohne dass es für etwas auf ihren frischen Einsatz aus eigener Initiative ankommt, wäre es vorbei. Wirkungen der Gesinnung und nur der Gesinnung eines Menschen lassen sich nicht erweisen, aber es spricht auch kein triftiger Grund dagegen, sie anzunehmen. Als solcher Grund käme ein Determinismus in Betracht, der der Initiative die Unabhängigkeit rauben und durch Fremdsteuerung ersetzen würde. Den totalen Determinismus, dass in der Zukunft alles bis ins Letzte hinein bestimmt ist, habe ich in *Freiheit* (S. 88–94) mit einem Argument widerlegt, das auf dem auch in der vierten Stunde geführten Beweis dafür, dass nicht alles einzeln ist, beruht. Offen bleibt ein partieller Determinismus, z. B. bezüglich naturwissenschaftlich messbarer Eigenschaften. Der Anspruch der Naturwissenschaft auf kausale Erklärung (statt nur Prognose) der Vorgänge in der Lebenswelt unserer unwillkürlichen Lebenserfahrung ist aber sehr fragwürdig.[52] Man hat Experimente ausgeführt (und ist noch dabei), die beweisen sollen, dass Willensentscheidungen durch vorausgegangene Gehirnvorgänge determiniert sind; wie aber ein Experiment aussehen sollte, mit dem man zeigen könnte, dass alle möglichen Folgen der

[54] Nicolai Hartmann, Ethik, 3. Auflage Berlin 1949, S. 622 f.

für jemand subjektiven Tatsachen seiner Gesinnung (auch nur im Gebiet der objektiven Tatsachen) durch naturwissenschaftlich messbare Steuerung aus dem Gehirn oder anderer Quelle abgefangen werden könnten, ist gänzlich unerfindlich. Daher gibt es keinen triftigen Grund zur Entkräftung des zum Lebensmut gehörigen Glaubens, dass der Mensch durch sein freies Handeln die Welt verändern kann. Aber er kann es sicher nicht durch die Macht eines in der Entscheidung freien Willens. Diese Aussicht wird versperrt durch das Dilemma der Einklemmung des Willens zwischen Determinismus und Indeterminismus. Wenn die Freiheit überhaupt Macht hat, dann nur so: *Nicht, was der Mensch sich vornimmt, sondern das, was er frisch im Augenblick als Gesinnung in sein affektives Betroffensein einsetzt, und damit die Art, wie er als affektiv Betroffener jeweils bei der Sache ist, gibt ihm kausale Macht aus eigener unabhängiger Initiative.*

Mit diesem Satz ist diese kurze Darstellung der Grundgedanken der Neuen Phänomenologie am Ziel. Wenn ich auf den Ertrag der Neuen Phänomenologie blicke, sehe ich ihn in zwei Hauptrichtungen ausgebreitet. Die eine enthält die Befreiung der von der Introjektion versteckten wichtigsten Massen der Lebenserfahrung aus dem Gefängnis der psychologistisch-reduktionistisch-introjektionistischen Vergegenständlichung: des spürbaren Leibes, der leiblichen Kommunikation, der Gefühle als Atmosphären, der bedeutsamen Situationen und vielsagenden Eindrücke, der Halbdinge. Die andere Hauptrichtung ist die Verankerung der Subjektivität in den subjektiven Tatsachen und sonstigen subjektiven Bedeutungen (untatsächliche Sachverhalte, Programme, Probleme). Damit wird dem immer gefährlicher um sich greifenden ironistischen Zeitalter zwar nicht die Lebensluft, aber der theoretische Boden entzogen. Dieses Zeitalter brach aus, als dem Menschen sein Erleben und er selbst als Bewussthaber durch den naturwissenschaftlichen Singularismus so sehr atomisiert und neutralisiert wurden (zu einem bloßen Bündel von Perzeptionen nach Hume), dass er sich darin nicht mehr wiederfand. Da fragte er sich: Wo bleibe eigentlich ich? Diese Frage stellte in der Philosophie zuerst Johann Gottlieb Fichte. Da aber er und seine Zeitgenossen alle Tatsachen für objektive oder neutrale Tatsachen hielten, in denen sie sich nicht wiederfinden konnten, gerieten sie sich selbst in ein eigentümliches Schweben (das Schweben der Einbildungskraft nach Fichte) über oder zwischen allen Tatsachen. Daraus machte Friedrich Schlegel die romantische Ironie als Wendigkeit, sich von allem abwenden und eben deshalb auch allem zuwenden, jeden Standpunkt wählen zu können. Damit läutete er das ironistische Zeitalter ein, das im 19. Jahrhundert in aristokratischer Zurückhaltung vom Dandy gelebt wurde, inzwischen aber zur Coolness vor dem Fernseher und Computer vulgarisiert worden ist. Die Entdeckung der subjektiven Tatsachen des affektiven Betroffenseins korrigiert den Irrtum am fundierenden Ursprung dieser Entwicklung und eröffnet damit einen Ausblick auf ein mögliches Ende des ironistischen Zeitalters, freilich nicht schon auf einen gangbaren Weg, dessen Fortschreiten zu vollendeter Frivolität in den Spuren Max Stirners aufzuhalten. Außerdem bietet die Entdeckung der subjektiven Tatsachen Gelegenheit zu der hier vorgelegten Lösung des jahrtausendealten Freiheitsproblems, das von hochmütigen, allzu vernunftstolzen Idealisten so verdreht worden ist, dass sich Naturalisten zu der umgekehrten Verdrehung, die Freiheit ganz zu bestreiten oder sie dem sie verderbenden Determinismus kompatibilistisch in den Rachen zu werfen, herausgefordert fanden. Da die begründete Aufklärung des Menschen über seine Freiheit von größter Bedeutung für sein Lebenkönnen ist, sowohl für seinen Lebensmut als auch für seinen Glauben an sittliche Verantwortung (einschließlich der Bereitschaft zum vergeltenden Strafen), ist es gerechtfertigt, dieses Buch mit einer der Freiheit gewidmeten Stunde zu schließen.

Ausgewählte Literatur zur Neuen Phänomenologie

I. Bücher von Hermann Schmitz

System der Philosophie, Bd. I: Die Gegenwart, Bonn 1964.

System der Philosophie, Bd. II: 1. Teil: Der Leib, Bonn 1965.

System der Philosophie, Bd. II: 2. Teil: Der Leib im Spiegel der Kunst, Bonn 1966.

System der Philosophie, Bd. III: Der Raum, 1. Teil: Der leibliche Raum, Bonn 1967.

System der Philosophie, Bd. III: Der Raum, 2. Teil: Der Gefühlsraum, Bonn 1969.

System der Philosophie, Bd. III: Der Raum, 3. Teil: Der Rechtsraum. Praktische Philosophie, Bonn 1973.

System der Philosophie, Bd. III: Der Raum, 4. Teil: Das Göttliche und der Raum, Bonn 1977.

System der Philosophie, Bd. III: Der Raum, 5. Teil: Die Wahrnehmung, Bonn 1978.

System der Philosophie, Bd. IV: Die Person, Bonn 1980.

System der Philosophie, Bd. V: Die Aufhebung der Gegenwart, Bonn 1980.

System der Philosophie, Studienausgabe, 10 Teilbände, Bonn 2005. [Bd. V enthält die kritische Revision des Systems der Philosophie von 1999]

Der unerschöpfliche Gegenstand. Grundzüge der Philosophie, Bonn 1990, 3. Aufl. 2007.

Die Liebe, Bonn 1993, 2. Aufl. 2007.

Der Leib, der Raum und die Gefühle, Ostfildern 1998, 2. Auflage, Bielefeld/Locarno 2007.

Der Spielraum der Gegenwart, Bonn 1999. [Enthält eine kritische Revision des Systems der Philosophie, S. 181–273]
Was ist Neue Phänomenologie?, Rostock 2003.
Hermann Schmitz im Dialog. Neun neugierige und kritische Fragen an die Neue Phänomenologie (zusammen mit Wolfgang Sohst), Berlin 2005.
Der Weg der europäischen Philosophie. Eine Gewissenserforschung, Band I: Antike Philosophie, Freiburg/München 2007.
Der Weg der europäischen Philosophie. Eine Gewissenserforschung, Band II: Nachantike Philosophie, Freiburg/München 2007.
Logische Untersuchungen, Freiburg/München 2008.

II. Monographien und Sammelbände anderer Autoren

Anna Blume: Scham und Selbstbewusstsein. Zur Phänomenologie konkreter Subjektivität bei Hermann Schmitz, Freiburg/München 2003.
Anna Blume (Hg.): Zur Phänomenologie der ästhetischen Erfahrung, Freiburg/München 2005.
Anna Blume (Hg.): Was bleibt von Gott? Beiträge zu einer Phänomenologie des Heiligen und der Religion, Freiburg/München 2007.
Ute Gahlings: Phänomenologie der weiblichen Leiberfahrungen, Freiburg/München 2006.
Michael Großheim (Hg.): Neue Phänomenologie zwischen Praxis und Theorie. Festschrift für Hermann Schmitz, Freiburg/München 2008.
Jürgen Hasse: Fundsachen der Sinne. Eine phänomenologische Revision alltäglichen Erlebens, Freiburg/München 2005.
Dirk Schmoll / Andreas Kuhlmann (Hg.): Symptom und Phä-

nomen. Phänomenologische Zugänge zum kranken Menschen, Freiburg/München 2006.
Hans Jürgen Wendel / Steffen Kluck (Hg.): Zur Legitimierbarkeit von Macht, Freiburg/München 2008.
Hans Werhahn: Die Neue Phänomenologie und ihre Themen, Rostock 2003.

* * *

Ausführliche Informationen zur Neuen Phänomenologie im Internet auf der Website der Gesellschaft für Neue Phänomenologie:
www.gnp-online.de